LANGUAGE SCHOOL

랭귀지 스쿨 ❷

Written by Gho Jae-Sook

한 언 HANEON.COM

LANGUAGE SCHOOL ❷

펴 냄 2003년 11월 25일 1판 1쇄 박음 / 2003년 12월 1일 1판 1쇄 펴냄
지은이 고재숙
펴낸이 김철종
펴낸곳 (주)한언
　　　　등록번호 제1－128호 / 등록일자 1983. 9. 30
주 소 서울시 마포구 신수동 63－14 구 프라자 6층(우 121－854)
　　　　TEL. 02-701-6616(대) / FAX. 02-701-4449
책임편집 신혜진 hjshin@haneon.com
디자인 백주영 jypaek@haneon.com
홈페이지 www.haneon.com
e-mail haneon@haneon.com

저자와의 협의하에 인지 생략

LANGUAGE SCHOOL

랭귀지 스쿨 ❷

이 책의 구성과 특징

이 책은 listening, dictation, speaking, wrighting 연습을 종합적으로 할 수 있도록 구성되어 있습니다. 단어나 문장을 이미지와 함께 기억할 수 있도록 일러스트를 첨가했으며, 듣고 쓰고 말하는 연습을 최대한 할 수 있도록 구성했습니다.

Conversation

각 섹션의 시작으로, 회화를 공부할 수 있는 부분입니다. 듣고 말하는 연습뿐 아니라 관련된 문법까지 한꺼번에 통합적으로 공부할 수 있도록 정리했습니다.

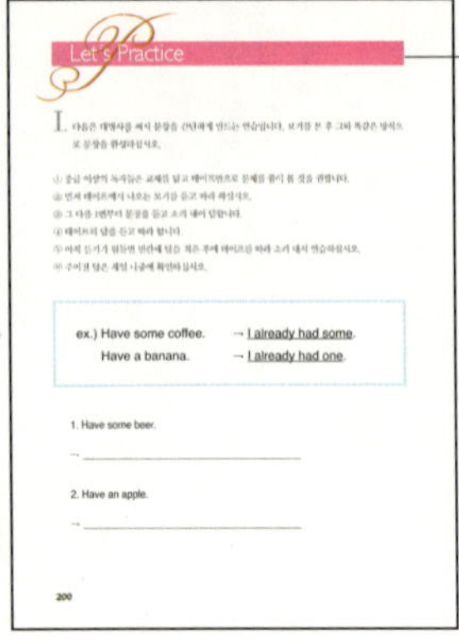

Let´s Practice

이 부분은 [Conversation]에서 배운 표현이나 문법을 자기의 것으로 만들 수 있는 기회를 제공한다는 의미에서 다양한 연습을 할 수 있도록 구성했습니다. 실제적으로 자신의 입으로 말하고, 받아쓰는 연습을 할 수 있습니다.

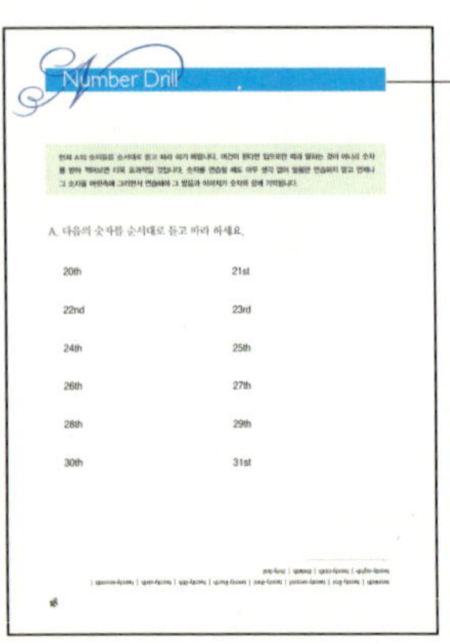

Number Drill

숫자를 영어로 말하고 듣는 것은 언뜻 생각하면 쉬워 보이지만, 원어민의 발음과 액센트를 듣고 바로 알아듣는 것은 그리 쉽지 않습니다. 간단한 숫자표현부터 복잡한 수치에 이르기까지 듣고 말하는 연습을 차근차근 할 수 있도록 구성되어 있습니다.

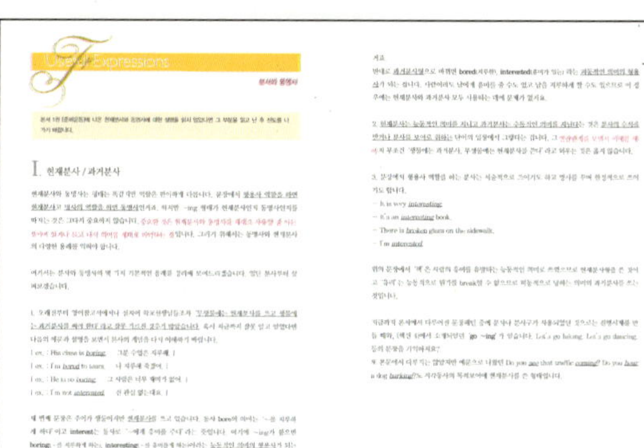

Useful Expressions

다시 기초를 다지는 중·고급자들을 위한 부록 부분입니다. [Conversation]보다 발전된 형태로, 관련된 다양한 표현을 익히고 연습할 수 있도록 구성했습니다.

Useful Expressions

《Language School 2》에서는 특별히 신체부위나 부엌용품, 욕실용품과 같은 단어를 선별하여 일러스트와 함께 설명했습니다. 다양한 단어를 습득함으로써 여러분의 표현영역이 확대되기를 바랍니다.

Tip

for sale과 on sale의 차이점, 버스 번호를 읽는 법 등 무심코 지나치기 쉽지만 알아두면 유용한 내용들을 따로 모아 정리했습니다.

부록― 외워두면 유용한 문장유형 50

문장을 외워서 문장구조 자체를 내 것으로 만들면 그 만큼 표현의 폭이 넓어집니다. 여기 소개된 50개의 문형을 외우고 자신의 말로 바꾸어 표현해 보십시오. 미국의 젊은이들이 흔히 쓰는 현대적인 표현을 소개했기 때문에 외워두면 유용하게 활용할 수 있는 순간이 꼭 있을 겁니다.

본서는 자습용뿐만 아니라 교습용으로도 사용할 수 있으며, 회화와 문법 설명이 적절히 배합되어 있는 section plan이 단연 돋보인다. 지금까지의 영어교재는 단편적으로 회화면 회화, 문법이면 문법, 혹은 쓰기, 듣기 등 한정적인 부분에만 치중하여 영어학습에 편식 현상을 일으켰다. 이 책은 영어에 대한 균형감각을 제공하고, 기초부터 튼튼하게 쌓을 수 있도록 한 체계적인 교재이다.

— 일리노이 대학교 언어학과 교수 **윤 혜 석**

한국의 생활영어책들을 살펴보면 특이한 표현 몇 개를 나열하여 독자들의 지적 열등감을 자극하는 데에 머무는 경우가 많다. 왜 그런 표현들이 가능한지는 말하지 않고, 그저 미국인들이 그렇게 쓰고 있으니 무조건 외우라고만 하는 교재들도 부지기수다. 사실, 미국인 친구에게 물어도 그냥 그렇게 쓴다는 말만 하지 정작 가려운 곳을 긁어주지는 못하는 경우가 많다. 이 책은 그런 궁금증들을 확실하게 해소해 주는 책이다.

— 위스콘신 대학교 교육학과 박사과정 **박 원 순**

본서의 저자는 오랜 기간 미국에서 배우고 가르친 경험을 살려 실제적이고 꼭 필요한 문법과 독해, 그리고 회화 등 영어의 모든 면에서 가장 필요한 기초 부분을 쉽고도 명확하게 설명하고 있다. 이 책은 학생들뿐 아니라 영어를 정복하고자 하는 사람, 좀더 확실한 영어공부를 원하는 사람이라면 누구에게나 필요한 책이다. 이 책을 통해서 많은 분들이 영어를 보다 확실하게 배우고 익혀서 좋은 열매들을 풍성하게 얻기를 바란다.

— 교육학 · 상담학 박사, 현 성서침례신학교 교수 **오 경 숙**

처음에는 이 책이 여타의 다른 교재들처럼 전통적인 영문법을 설명하는 책인 줄로만 알았다. 하지만 막상 책을 펼치고 나서는 적잖이 놀랐다. 책의 앞부분에는 저자의 옛 경험을 토대로 영어공부를 잘할 수 있는 방법들이 마치 한 편의 소설처럼 재미있게 펼쳐져 있어서 너무나 색다른 느낌을 주었다. 새롭게 영어공부를 시작하고자 하는 성인들에게는 지금이라도 늦지 않았으니 '한번 도전해 보자' 하는 자신감을 심어줄 수 있는 정말 좋은 교재다.

— 영어교사 경력 14년,

현재 TEFL(Teaching English as a foreign Language) Certificate 과정 *정 미 선*

한국에서 영어공부를 한 대부분의 사람들은 영어를 읽고 해석할 줄은 알지만 막상 외국인을 만나면 간단하고 짧은 말도 이해하지 못하는 경우가 많다. 더군다나 영어로 말하는 것은 더 어려워한다. 본서는 체계적이고 다양한 표현을 싣고 있기 때문에 듣기 연습을 제대로 할 수 있고, 말하고 쓰는 연습도 겸할 수 있다. 이 책은 막힌 귀를 뚫어주고, 닫힌 입을 열어주는 데 큰 역할을 할 책이라 확신한다.

— 한국 시티뱅크 과장 *김 지 현*

이 책은 저자가 직접 경험한 영어학습 경험을 토대로 집필한 살아있는 영어교재다. 본서는 기초부터 체계적으로 구성되어 있고, 현재 미국에서 쓰이고 있는 생생한 영어를 소개하고 있기에 영어로 대화를 잘하고 싶지만 자신이 없는 사람, 혹은 기초가 제대로 서지 않은 사람은 꼭 봐야 할 필수교재라 하겠다. 또한 문법에 대한 지식이 부족한 사람에게도 많은 도움을 줄 수 있을 것이다. 영어의 올바른 표현들을 배우고, 기초를 다지면서 영문법의 맥을 잡으려 하는 사람에게 적극 추천한다.

— 일리노이 주립대 수학과 박사과정 *최 장 훈*

영어권국가 거주 10년 *유 연 종*

contents

It´s often windy in March.

3월에는 자주 바람이 불어.

다음 conversation의 내용을 먼저 듣고 따라 한 후 본문을 보시기 바랍니다.

Jae : What's the climate like in Greece?

그리스는 기후가 어떠니?

Dimitri : It's very pleasant.

아주 쾌적해.

Jae : What's the weather like in spring?

봄 날씨는 어때?

Dimitri : It's often windy in March.

3월에는 자주 바람이 불어.

Jae : What′s it like in summer?

여름에는 어떠니?

Dimitri : It′s always hot in June, July, and August. The sun shines every day.

6, 7, 8 월에는 언제나 더워. 매일 햇볕이 비치지.

Jae : Is it cold or warm in autumn?

가을에는 춥니, 아니면 따뜻하니?

Dimitri : It′s always warm in September and October.

9월, 10월에는 항상 따뜻해.

Jae : Is it really cold during the winter?

겨울은 아주 춥니?

Dimitri : It′s often cold.

추운 날이 많지.

 문법의 중요성

영어공부에 문법이 필요 없다고 주장하는 사람도 있습니다만 언어를 공부하는 데에 있어서 문법을 아는 것은 당연히 중요합니다. 수십 년 간 비정상적인 방법으로 영어문법을 배웠기 때문에 영어를 못했던 것이지, 문법이 아예 중요하지 않은 것은 아니지요. 문제는 문법을 얼마만큼 잘 이해하고 소화하느냐 하는 것입니다. 앞에서 누차 강조한 것처럼 문법을 수학공식처럼 알고만 있고 응용을 하지 못한다면 영어를 제대로 하는 것이 아닙니다. 문법을 알되, 전체적인 영어의 구조를 머리에 세우는 데에 도움이 되도록 알아야 합니다. 그리고 더욱 중요한 것은 그 다음 단계입니다. 그 표현이 익숙해질 때까지 입이 아프도록 연습을 해야 그 구조가 내 것이 되는 것입니다.

‘미국인들은 문법을 모르고도 말을 잘하고 글도 잘 읽지 않느냐’고 말하는 사람들이 있습니다. 그렇지만, 미국인들은 단지 모국어의 규칙에 습관적으로 익숙해져 있어 언어를 구조적으로 보지 못할 뿐이지 문법을 모른다고 할 수는 없습니다. 예를 들어 여러분이 한글로 된 다음과 같은 글을 읽는다고 생각을 해 보십시오. “다음에 주어 있는 글이 읽은 후 아래에 쓸 문제는 풀어라.” 이렇게 문법에 안 맞는 글을 한참 읽으면 ‘이게 뭐야. 제대로 좀 써놓지’ 하고 짜증이 나지 않겠어요? 우리가 다른 이에게 국어를 가르칠 때에 문법 설명을 하는 것은 어려울지 모르지만 대부분의 우리 뇌에는 국어문법이 체계적으로 잡혀 있습니다. 그리고 사실상 학식이 있고 글을 잘 쓰는 미국인은 여느 외국인 못지않게 자기 언어의 규칙에 민감하고 철저합니다.

Let's Practice

다음은 'A는 고향이 ~지만, B는 고향이 ~이다' 하고 말하는 연습입니다.
보기를 보고 1번부터 빈칸에 come을 알맞은 형태로 바꾸어 문장을 완성하십시오.
테이프를 따라 소리 내어 연습하십시오. 주어진 답은 제일 나중에 확인하십시오.

> ex.) I come from Korea, but Stella _______ from Spain.
>
> → *I come from Korea, but Stella comes from Spain.*

1. We come from Korea, but Lynn _________ from Japan.

2. I come from America, but Lee _________ from China.

3. We don't come from Japan. We _________ from Korea.

먼저 A의 숫자들을 순서대로 듣고 따라 하기 바랍니다. 여건이 된다면 입으로만 따라 말하는 것이 아니라 숫자를 받아 적어보면 더욱 효과적일 것입니다. 숫자를 연습할 때도 아무 생각 없이 발음만 연습하지 말고 **언제나 그 숫자를 머릿속에 그리면서 연습해야** 그 발음과 이미지가 숫자와 함께 기억됩니다.

A. 다음의 숫자를 순서대로 듣고 따라 하세요.

20th	21st
22nd	23rd
24th	25th
26th	27th
28th	29th
30th	31st

twentieth | twenty-first | twenty-second | twenty-third | twenty-fourth | twenty-fifth | twenty-sixth | twenty-seventh | twenty-eighth | twenty-ninth | thirtieth | thirty-first

B. 원어민이 말하는 숫자를 듣고 빈칸에 받아쓴 후 아래의 답과 맞춰 보십시오.

1. My __________ birthday will be fun.

2. They are ranked __________ out of thirty.

3. It is my __________ class reunion.

4. I am the __________ person in line.

5. I am writing the __________ page (of my paper).

6. The __________ question on the exam was hard.

7. It is April the __________.

8. It is our __________ year (living) in this home.

9. I´m on the __________ chapter.

10. It is the basketball teams __________ win.

11. My vacation starts on the ___________.

12. I am on my ___________ lap. (swimming, running around a track, etc.)

날씨가 어떠냐는 질문에 대한 다양한 대답들

What is the weather like in your country?

너희 나라는 날씨가 어떠니?

:: **It´s really nice.**

날씨 정말 좋지.

:: **It´s great.**

아주 끝내 줘.

:: **Oh, I love it. It´s so nice.**

아, 난 (우리나라 날씨) 정말 맘에 들어. 날씨 정말 좋단다.

:: **It´s always warm in April and May, but it rains sometimes.**

4월과 5월에는 항상 따뜻한데 가끔 비가 오기도 해.

:: **The sun is out every single day.**

하루도 해가 없는 날이 없단다.

:: **The sun is hot every day.**

매일 해가 쨍쨍 나.

:: **It´s really hot everyday.**

맨 날 굉장히 더워.

:: It´s often cold in November, and it rains sometimes.

11월엔 추운 날이 많고 가끔 비도 온단다.

:: Yes, it´s frequently cold during winter.

응, 겨울엔 추운 날이 많아.

:: It gets pretty cold!

(날씨가) 상당히 추워지지.

:: Yea, it gets cold a lot.

응, 날씨가 추운 날이 많아.

:: In December, January, and February it´s cold, and it snows sometimes, too.

12월, 1월, 2월에는 날씨가 춥고 눈도 와.

What´s the weather like in your country?

너희 나라는 날씨가 어떠니?

Conversation

(Jae talks to Dimitri.)

재와 Dimitri가 이야기를 나누고 있다.

Dimitri : **Where do you come from, Jae?**

재, 넌 어디서 왔니?

Jae : **I come from Korea.**

나 한국에서 왔어.

Dimitri : **What´s the weather like in your country?**

너네 나라는 날씨가 어떠니?

24

Jae : Well, Korea is not very big and the climate is about the same everywhere.
But we have four seasons. Spring starts in March, and in May you can wear a t-shirt.

음, 한국은 그렇게 크지 않아서 기후가 어디를 가나 거의 비슷해. 근데 사계절은 다 있어. 봄은 3월에 시작하고 5월이면 티셔츠를 입을 정도가 돼.

Dimitri : What is the summer like?

여름은 어떠니?

Jae : By the end of May, it is very hot. It stays hot until September, too.

5월말 정도면 아주 더워져. 9월까지도 계속 덥지.

Dimitri : What is your favorite season?

네가 제일 좋아하는 계절은 뭐니?

Jae : I like the fall. We have great fall weather. Until the end of October it′s beautiful!

난 가을이 좋더라. 한국은 가을 날씨가 정말 좋거든. 10월말까지 날씨가 참 아름다워.

Dimitri : Wow, that sounds like the United States.

그래, 미국하고 날씨가 비슷한 것 같구나.

Jae : Yes, Korea′s climate is like Virginia or Washington D.C.

응, 한국 기후는 버지니아나 워싱턴 디씨하고 같아.

Dimitri : Well, I don′t like the winter. The days are short, and the nights are long. The sun rises late and sets early.

음, 난 겨울은 싫더라. 낮은 짧고 밤은 길고. 해는 늦게 떴다 일찍 지고 말이야.

In May you can wear a t-shirt.

you는 상대방을 칭할 때도 쓰이지만 이와 같이 <u>일반인을 칭하는</u> 경우도 매우 많습니다. 이 문장이 바로 그런 예입니다. 문어체에서는 일반인을 칭할 때 you 보다 individuals나 one등을 쓰는 것이 적당합니다.

↘ until과 by의 비교

우리말로는 두 전치사가 '∼까지' 로 같은 의미처럼 번역이 되지만 용례가 다른 것에 주의해야 합니다. <u>동사의 "상태"나 "동작"이 어느 시점까지 지속되는 경우에는 until</u>을 쓰며 동사의 의미가 지속되는 성질의 일이 아니고 <u>순간에 마쳐지는 일, 예를 들어 만기일 등 데드라인(deadlines)을 의미할 때는 by</u>를 사용해야 합니다. 다음의 예문을 보기 바랍니다.

- I´ll be around _until_ five o´clock.　　나 5시까지는 여기 있을 거예요.
- I need it _by_ five o´clock.　　나 그거 5시까지는 필요하다. (그 때까지는 내게 와 있어야 해.)
- It must be postmarked _by_ Dec. 4th.　　그거 12월 4일까지 우편소인이 찍혀 있어야 해.

위의 until이 있는 문장을 보면 내가 다른 곳에 가지 않고 여기에 있는 상태가 5시까지 지속됨을 알 수 있습니다. 반면 by가 쓰인 문장들은 그 시점까지 어떤 동작이 완결되는 것을 의미합니다. 두번째 문장은 5시까지 받는 동작이 끝나야 한다는 의미이고 마지막 문장은 꽝하고 소인이 찍히는 동작이 그 때까지는 끝나야 한다는 것이지요.

그럼 본문의 문장들을 보면서 설명을 해 볼까요?

It stays hot until September.
Until the end of October it´s beautiful.
By the end of May it is very hot.

until을 사용한 두 문장은 9월까지 더운 상태가 지속되고 10월 말까지 아름다운 상태가 지속된다는 것을 표현하고 있습니다. 하지만 **by**를 사용한 마지막 문장은 그 전까지는 그렇게 덥지 않다가 5월 말이 지나면 매우 더워진다는 (무더위가 시작된다는) 의미입니다.

That sounds like the United States.

1권의 [섹션 4]와 [섹션 6]에서 설명한 것처럼 앞문장의 that은 앞에서 언급된 말을 받는 대명사입니다. '네가 지금까지 한국의 날씨에 대해서 한 말을 들으니 미국과 한국의 날씨가 비슷한 것 같구나' 하는 말이지요. 상대방이 한 제안이 좋다고 할 때도 **That sounds good**. (그것 좋지) 하고 말하면 '들어 보니 좋은 것 같다' 는 말이지요.

sound like (~하게 들린다)는 앞에서 다룬 'look like~, taste like~' 와 같은 용례이므로 설명은 따로 덧붙이지 않고 예문을 몇 개 소개합니다.

– *It sounds like* a party in here*.　　(떠들썩한 것이) 여기 무슨 파티 하는 거 같은걸.

* 실외(out there)와 구별해서 실내를 지칭할 때에 'in here'라고 할 수 있겠지요. 그냥 'here' 라고 하면 지칭하는 장소의 범위가 막연하기 때문에 그 지역 전체 혹은 나라까지도 지칭할 수 있으니까요(예 : in Chicago, in the U. S.). 밖의 날씨는 시원한데 실내가 덥다면 It's so hot in here. 라고 표현하면 그 지역 전체가 아닌 실내만을 지칭하는 겁니다.
위의 표현은 예를 들어 밖에서 실내로 들어갔더니 사람들이 많이 모여 있고 떠들썩하게 웃는 소리가 난다든지 할 때 쓸 수 있는 표현이겠습니다.

– *It sounds like* she´s having a hard time. (= It sounds like she´s struggling.)

　　(얘기를 들어보니) 그녀가 좀 어려움을 겪고 있는 거 같구나.

– *It sounds like* your muffler is falling off.

　　네 차 소리 들어보니 머플러가 떨어지려고 하는 것 같은 걸.

– *It sounds like* you are sick.　　너 목소리를 들어보니 좀 아픈 것 같구나.

– Her voice *sounds like* an angel.　　그 여자 목소리는 꼭 천사의 소리 같아.

다음은 주어진 문장을 의문문과 부정문으로 변형하는 연습입니다.

중급 이상의 독자들은 교재를 덮고 테이프를 듣는 것만으로 문제를 풀어 볼 것을 권합니다. 먼저 보기를 듣고 연습해 보십시오. 그 다음 1번부터 주어진 문장을 의문문과 부정문으로 바꾸어서 소리 내어 답하십시오. 테이프의 답을 듣고 따라 합니다.

아직 듣기가 힘들면 빈칸에 답을 적은 후에 테이프를 따라 소리 내서 연습해 보십시오. 주어진 해답은 제일 나중에 확인하십시오.

---

ex.) The sun rises early.

→ *Does the sun rise early?*

→ *The sun doesn´t rise early.*

---

1. Becky wants a sandwich.

→ Question : _______________________________________

→ Negative : _______________________________________

2. Jim comes from Montana.

→ Question : _______________________________________

→ Negative : _______________________________________

3. This book is good.

→ Question : ____

→ Negative : ____

4. Those vegetables are fresh.

→ Question : ____

→ Negative : ____

5. They are going to the movies.

→ Question : ____

→ Negative : ____

6. We are having a party tonight.

→ Question : ____

→ Negative : ____

7. They are helpful.

→ Question : ____

→ Negative : ____

8. They invited him to lunch.

→ Question : _______________________________________

→ Negative : _______________________________________

9. Those apartments are new.

→ Question : _______________________________________

→ Negative : _______________________________________

10. He´s working on his paper.

→ Question : _______________________________________

→ Negative : _______________________________________

Useful Expressions

What is/are _________ like?

이 표현은 '날씨' 뿐 아니라 '제3자' 나 '다른 사물' 등의 성격·상태·모양새 등을 물어볼 때 흔히 쓸 수 있는 유용한 표현입니다. 동사는 주어가 3인칭 단수 현재면 **is**를, 복수면 **are**를 써야 하겠지요?

이 질문에는 얼마든지 다양한 답이 나올 수 있습니다. 미국에서 이 표현이 흔히 쓰이는 예를 몇 가지 소개해 드리겠습니다.

이 섹션보다 어려운 수준의 예문에는 * 표시를 하였습니다. 아직 그 구문들을 완전히 이해하지 못하는 초급 독자들은 그 문장들은 건너뛰었다가 수준이 되었을 때 다시 돌아오기 바랍니다.

A : *What is* the club *like?*   그 클럽 어떠니?

B : It's really fun. But it's very crowded, too.
거기 정말 재밌어. 근데 사람이 굉장히 많아서 아주 복잡해.

A : *What is* you new dog *like?*   너 새로 생긴 강아지 어떠니?

B : She's really <u>well behaved</u>*.   말을 아주 잘 들어.

* well-behaved : 크게 짖지 않고 조용히 하는 등 훈련이 잘 되어 있는(disciplined) 강아지 같은 동물이나 점잖은 어린아이에게 쓰는 표현입니다.

A : *What is* the baby *like?*   그 아기 어떻게 생겼니?

B : She is cute!   그 아기 정말 귀여워!

A : *What are* the babies *like?*   그 아가들 어떠니?

B : They cry all the time.   그 애들 하루 종일 울기만 해.

A : *What is* the dress *like?*   그 드레스 어떠니?

B : It's silver sequined and strapless.*   은색 금속장식이 달려 있고 어깨 끈이 없어.

A : *What are* the soccer fields *like?*　　그 축구장 어떠니?

B : They are in bad shape! The grass is all trampled!**

(거기) 잔디 상태 아주 엉망이야. 잔디가 다 짓밟혀 뭉개져 있더라고!

A : *What is* the camping site *like?*　　그 캠프장 어떠니?

B : It is on the beach. You have to bring your own firewood.

그거 해변에 있거든. 자기네가 쓸 땔감은 직접 갖고 가야 해.

The Kids do their homework.

아이들은 숙제를 합니다.

(The Anderson family lives at 223 State Street.)

Anderson씨 가족은 스테이트 스트리트 223번지에 삽니다.

In the morning the family eats breakfast together,

아침이면 온 가족이 함께 아침을 먹고

and Mr. and Mrs. Anderson drive their kids to school.

Anderson씨 부부는 아이들을 차에 태워서 학교로 데려다 줍니다.

They usually pick up a neighbor child and take him to school, too.

그들은 (가는 길에) 보통 이웃집 아이도 차에 태워서 학교까지 데려다 준답니다.

Mr. and Mrs. Anderson work downtown in the city.

Anderson씨 부부는 시내 중심가에 있는 직장에서 근무를 합니다.

They often meet for lunch and eat lunch together.

두 사람은 종종 점심때 만나서 함께 점심을 먹기도 합니다.

Sometimes they eat lunch with friends.

친구들하고 함께 점심을 먹을 때도 있고요.

In the afternoon, the kids come home from school on the school bus.

오후에는 아이들이 스쿨버스를 타고 집으로 옵니다.

They have a snack like peanut butter and jelly sandwiches, and play outside with friends.

아이들은 땅콩버터와 잼을 바른 샌드위치 같은 간식을 먹고는 밖에 나와서 친구들과 놉니다.

In the evening, Mr. and Mrs. Anderson come home from work.

저녁이 되면 Anderson씨 부부가 퇴근해서 집에 돌아옵니다.

One of them makes dinner for the family.

둘 중에 한 사람이 가족의 저녁식사를 짓고요.

The kids do their homework.

아이들은 숙제를 합니다.

At night, the kids get to watch one TV show. Then they go to bed.

밤에 아이들은 텔레비전 프로그램을 하나를 볼 수 있고 그 다음엔 잠자리에 듭니다.

Mr. Anderson usually watches the news,

Anderson씨는 보통 뉴스를 보지만

but sometimes he and Mrs. Anderson go for a walk together.

때로는 Anderson 부인과 함께 산책을 나가기도 합니다.

본문에서와 같이 어떤 특정한 날이 아닌 일반적인 오전 오후 등을 가리킬 때는

in the morning	in the afternoon	in the evening	at night
오전에는	오후에는	저녁에는	밤에는

등으로 표현합니다. 하지만 특정한 날의 한 때를 말할 때는 표현이 달라집니다.

this morning	this afternoon	this evening	tonight
오늘 아침에	오늘 오후에	오늘 저녁때	오늘 밤에
yesterday morning	yesterday afternoon	yesterday evening	last night
어제 아침에	어제 오후에	어제 저녁때	어젯밤에
tomorrow morning	tomorrow afternoon	tomorrow evening	tomorrow night
내일 아침에	내일 오후에	내일 저녁때	내일 밤에
that morning	that afternoon	that evening	that night
그 날 아침에	그 날 오후에	그 날 저녁에	그 날 밤에 (과거의 어느 날에 대해 얘기할 때)

last Monday	**last week**	**last weekend**	**last month**	**last year**	**last summer**
지난 월요일에	지난주에	지난 주말에	지난달에	작년에	작년 여름에
next Monday	**next week**	**next weekend**	**next month**	**next year**	**next summer**
다음 주 월요일에	다음 주에	다음 주말에	다음 달에	내년에	내년 여름에

take him to school

1권 [섹션 13]에 나와 있는 take에 대한 설명을 참조하시기 바랍니다.

on the school bus

《Mainstream English》에서도 잠깐 언급을 했지만 비행기나 버스, 열차 등의 경우에는 타고 내리는 것을 전치사 on과 off로 표현합니다. 덩치가 큰 교통수단들은 승차나 하차를 할 때 '올라탄다' 는 on을, '내린다' 는 off를 사용하는 반면에 택시나 자동차와 같이 몸을 굽혀서 들어가고 나오는 경우에는 in과 out of를 사용합니다.

| ex. : Get in!　　타라 / Get out!　　내려 |

peanut butter and jelly sandwiches

식빵 사이에 땅콩잼과 (주로) 딸기잼을 발라 만든 peanut butter and jelly sandwiches는 미국 아이들이 좋아하는 흔한 간식 중의 하나입니다.

 get이 to부정사구와 함께 쓰이는 경우

A : We _are getting to know_ each other.　　우린 서로를 알아가고 있는 중이에요.
B : We _got to know_ each other.　　우린 서로를 알게 되었지.

get을 to 부정사구와 함께 쓰는 경우 A와 같이 <u>진행시제를 사용하면</u> 하면 **become**과 같은 의미가 되지만 B와 같이 <u>단순시제를 사용하면</u> "상황변화 중 후반이나 마지막 단계"를 나타냅니다. B와 같이 말하면 **상황이 후반에 다다랐다는 것**, 즉 서로를 알게 되었다는 것을 의미한다는 거죠.

| ex. : I *got to meet* the president.   나 그 회장을 만나 뵈었어. |
| ex. : I *got to meet* Tom Cruise.   나는 톰 크루즈를 만났어. |
| ex. : I *got to drive* the new SUV.   나 그 새로 나온 스포츠유틸리티 차를 운전해 봤어. |
| ex. : Did you *get to sleep* in?   아침에 좀 늦게까지 푹 잤니? |
| ex. : Did you *get to see* the movie?   너 그 영화 봤니? |
| ex. : Did you *get to spend* time with your friends?   너 친구들하고 놀 시간 있었니? |

They go to bed.

They go to bed.나 They go to school.과 같은 표현들은 문법책의 관사편에서 자주 다뤄지는 부분이므로 매우 친숙하게 여겨지리라 생각됩니다. 대개의 문법책을 보면 school, church, bed 등이 원래의 목적을 나타낼 때는 관사를 붙이지 않으며 the를 붙이면 원래의 목적이 아닌 다른 목적을 나타낸다고 쓰여 있습니다. 틀린 설명은 아니지만 그렇게만 설명하면 아쉬움이 있으므로 좀더 명확하게 이해가 되도록 예를 들어 보여드리겠습니다.

| ex. : They go to *school* at 8 am.   그들은 아침 8시에 학교에 갑니다. |
| ex. : I would like to meet his teacher before the first day of *school*.* |
　　　학교가 시작되기 전에 선생님을 한번 만났으면 하는데요.

* 미국 유아원, 유치원에서는 아이의 적응을 쉽게 하기 위해서 정규 과정이 시작되기 전에 교실을 방문하는 것을 적극 권장합니다.

| ex. : We go to *church* on Sundays.   우린 일요일엔 교회에 갑니다. |
| ex. : I go to *bed* at 12 am.   난 밤 12시에 취침을 해. |

위의 문장들을 보면 관사 없이 쓰인 이 단어들이 <u>어떤 특정한 학교나 교회를 언급하고 있는 것이 아니</u>라, 교회 = 예배, 학교 = 수업 등 원래의 목적을 나타내는 일반적인 의미로 쓰인 것을 알 수 있습니다.

반면 특정한 교회나 학교를 언급할 때는 의미에 따라 알맞게 부정관사 a나 정관사 the를 붙입니다. 다음 예문들을 보십시오.

A : He goes to _a church_ in Lafayette.   그 사람은 라피예트에 있는 교회에 다녀.
B : Lily went to _a school_ in Virginia.   릴리는 버지니아에 있는 학교에 다녔어.

문장 A에서 그가 다니는 교회의 이름을 명확히 얘기하지 않았지만 '~에 있는 어떤 교회' 라고 특정한 한 교회를 칭하고 있습니다. 문장 B의 경우도 마찬가지입니다.

C : Then I will meet you at _the church_ tonight.   그럼 오늘밤에 그 교회에서 만나자.

문장 C에서도 특정 교회를 지칭하며, 앞서 언급하였거나 서로 알고 있는 교회이므로 그 명사 앞에 정관사가 붙었음을 알 수 있습니다.

부정관사와 관련한 시중의 문법책에서 어색한 문장을 본 적이 있습니다. He met a doctor and patient.라는 예와 함께 의사가 아파서 환자가 되었다면 a doctor and patient라고 하면 된다고 쓰여 있었습니다. 부정관사와 관련하여 문법책과 사전을 보면, 두 명사에 각각 관사를 따로 붙이면 (a teacher and a writer) 두 사람을 말하는 것이 되므로 a teacher and writer라고 해야 한다고 적혀 있습니다. 위의 문법책의 예는 그런 문법을 충실히 따른 설명이라고 볼 수 있습니다.
하지만 문제는 a doctor and patient와 같은 말이 정작 미국인들에게는 너무나 어색하게 여겨지는 표현이라는 겁니다. 굳이 그런 사람을 묘사하려면 다음과 같이 표현할 것입니다.
— **He met a doctor who is now a patient**.
   그는 지금은 아파서 환자로 있는 어떤 의사를 만났다.

한번 생각해 보기 바랍니다. 영어문법책에 나와 있는 설명을 충실히 따라 말을 만들면 완벽한 영어가 될 것이라고 착각하는 사람들이 의외로 많습니다만, 그렇게 하면 미국인들이 전혀 쓰지 않는 표현이 되는 경우가 많습니다. 1권에서 강조했던 것처럼 사람이 문법을 따라 말을 하는 것이 아니라, 우리가 하는 말의 일정한 규칙을 정리한 것이 문법이기 때문입니다.

제대로 통하는 영어를 하고 싶다면 그네들이 하는 말을 익혀야 합니다. 그냥 말만 통하면 되지 그 이상은 필요 없다고 주장하는 분들도 있다는 것을 압니다. 그러나 아주 미묘한 문화 차이에서 오는 의사소통상의 오해 때문에 사업하는 분들이 애를 먹고 학생들이 학교에서 전전긍긍하는 경우를 많이 봐 왔습니다.

한국말과 영어는 언어학적인 측면에서 매우 다른 언어이지만 두 언어는 근본적으로도 거의 상반되는 문화를 바탕으로 하고 있습니다. 그네들이 우리가 생각하는 방식으로 생각하지 않기 때문에 우리의 생각을 그대로 영어로 번역하여 영작을 하면 전혀 먹히지 않는 경우가 많습니다. 사고방식의 차이가 너무나 크기 때문입니다. 사업을 하든 공부를 하든 영어가 필요한 일을 하려면 그네들에게 통하는 방식으로 말을 해야 자신의 목적을 달성할 수 있습니다.

I. 다음은 빈칸의 동사를 알맞은 형태로 바꾸어 문장을 완성하는 연습입니다. 1번부터 힌트로 주어진 동사에 's' 나 'es' 를 덧붙여 문장을 완성하십시오. 그 다음 테이프를 따라 연습하십시오. 답은 제일 나중에 확인하기 바랍니다.

> ex.) She _______ the dishes every day.　　　Hint) wash
>
> → *She washes the dishes every day.*

1. The children _________ to school in the morning.　　Hint) go

2. Their father _________ them to school.　　Hint) take

3. Mrs. Sawyer _________ at home.　　Hint) stay

4. She _________ her room.　　Hint) clean

5. She also _________ the house.　　Hint) clean

6. She _________ charity work with her spare time.　　Hint) do

II. 이제 여러분은 개별적으로 읽기(reading)를 시작할 수 있는 단계에 이르렀습니다. 1권의 [실전! 영어학습법]에서 강조한 것처럼 많이 듣고 많이 읽는 만큼 영어실력이 향상될 것입니다. 읽을거리를 고를 때는 글의 길이와는 상관없이 구문이 쉬운 문장들로부터 시작하기 바랍니다. 동화책이라고 해도 미국 pre-school 어린이용은 초보자에게는 구문의 수준이 높을 수도 있기 때문입니다.

영어를 외국어로 공부하는 우리는 이미 거침없이 말을 할 수 있는 단계에서 읽을거리를 찾는 것과는 다른 기준을 갖고 읽을거리를 선택해야 합니다. 많은 사람들이 너무 어렵거나 재미없는 글로 reading 을 시작하기 때문에 중도에 포기하는 일이 많습니다. reading용 책은 개인의 수준에 맞는 것이어야 하고, 사전을 굳이 찾을 필요가 없는 것이라야 합니다. 그렇지 않으면 중간에 자주 막히고 사전을 찾 느라 생각의 흐름이 끊겨 읽기실력이 늘 수가 없습니다.

읽기를 통해서 우리가 늘리려는 실력은 단지 독해실력이 아닙니다. 주어진 글이 전달하고자 하는 내 용을 가급적이면 빨리, 그리고 정확하게 파악하는 실력을 기르고자 하는 것입니다. 설령 여러분이 시 험 점수를 올리기 위해 영어를 공부하는 것이 아니라 해도 읽기실력은 매우 중요합니다. 사업을 하는 분들은 물론이고 회사원들도 짧은 시간 안에 자료를 검토하고 결정을 내려야 할 때가 많습니다. 영어 로 신속·정확하게 정보를 얻고 또 전하고자 하는 내용을 설득력 있게 피력할 수 있는 실력은 체계적 인 읽기훈련이 바탕이 될 때만이 얻을 수 있습니다.

본문에서는 한 가족의 하루를 쉬운 문장으로 묘사했으므로 아래에는 싱글 여대생의 하루를 소개합니 다. 새로운 표현이 거의 없기 때문에 무리 없이 이해할 수 있을 겁니다.

읽기연습

1권의 [실전! 영어학습법]에서 강조했던 사항들을 유념하면서 다음의 글을 소리 내어 읽으십 시오. 읽으면서 우리말로 번역하지 말고 이 학생의 하루를 머릿속에 그림으로 그려 보기 바 랍니다. 모르는 단어가 나오더라도 앞뒤 문맥을 통해 이해하고 넘어가십시오. 같은 내용을 듣기연습에 활용해도 좋습니다. 읽기와 듣기는 각각 눈과 귀를 사용한다는 차이점을 빼고는 정보를 받아들인다는 면에서는 차이가 없습니다.

듣기연습

1권의 [실전! 영어학습법]에서 강조했던 사항들을 유념하면서 다음을 들어 보십시오. 들으면서 우리말로 번역하지 말고 이 여학생의 하루를 머릿속에 그림으로 그려 보십시오. 모르는 단어가 나와도 앞뒤문맥을 통해 이해하려고 노력하면서 계속 들으십시오.

중급 이상의 실력을 가진 분들은 본문이나 아래의 글을 약간씩 변형하여 자기 자신의 이야기를 써 보기 바랍니다. 가능하면 글을 다 쓰고 난 후 글을 잘 쓰는 원어민에게 교정을 받는 것이 좋습니다. 틀린 부분을 완전히 이해하고 연습을 거듭하여 내 것으로 만들면 실력이 배가될 것입니다.

Amanda wakes up at eight every morning. She takes a shower. Then she eats her breakfast. She usually eats oatmeal and drinks juice. At nine o'clock Amanda walks to her first class. It is about four blocks away from her apartment. Amanda has five classes. She has three of them on Monday, Wednesday, and Friday. The other two are on Tuesday and Thursday.

Amanda takes a lot of notes during class. She likes her professor because he is energetic and tells jokes. After her class Amanda walks to the cafe on campus. She meets a friend there, and they have coffee together and talk. Then Amanda has to go to the rest of her classes. Her math class is her favorite. After math she buys some lunch at the cafeteria.

When all of her classes are over, Amanda walks back to her apartment to

relax for a little while. She sits on the couch, drinks tea, and talks with her roommate. At six o′clock Amanda goes to the gym to get some exercise. She wears comfortable clothes and her tennis shoes. She likes to ride the stationary bike, and sometimes she swims, too. She sees people from her classes at the gym and they say 'hi' to each other.

After she works out, Amanda goes back to her apartment to have some dinner and take a shower. She eats quickly and then goes to the library to study for a few hours. Some nights at the library, she sees a friend, so they study together. At ten thirty Amanda is tired, so she calls it a night*. She goes home, has a snack and checks the answering machine for messages. There are no new messages, so she puts on her pajamas. Before she goes to sleep, Amanda reads a book in bed. When she can′t keep her eyes open anymore, she turns off the light and goes to sleep.

* call it a night
이 표현은 Let's call it a day! (오늘은 이제 일을 그만 합시다!) 와 비슷한 표현으로 밤에 쓰는 말입니다. Let's call it a night. 이라고 하면 '오늘밤은 이 정도에서 그만 끝내고 자러 갑시다' 하는 말이지요.

44

Useful Expressions Ⅰ

이 부분은 다시 기초를 다지는 중·고급 독자들을 위한 부록입니다. 초급 독자들은 나중에 이런 회화 표현들을 공부할 수준이 되었을 때 언제든지 돌아와서 익힐 수 있습니다.

1. ~을/를 사러가다

- I need to go *pick up* some wine before the party starts.

  파티 시작하기 전에 와인 좀 사러 갔다 와야겠어.

- Will you *pick up* some ice cream for me?

  아이스크림 좀 사다줄래?

2. ~을/를 가지러 가다

- Are you going to go *pick up* the pizza or have it delivered?

  너 (가게에 가서) 피자를 가져올 거니 아니면 배달해 달라고 할 거니? (전화로 주문한 후)

- I have to *pick up* a package from the post office today.

  나 오늘 우체국에 소포 가지러 가야 해.

3. ~을/를 정리하다

- You have to *pick up* your toys before you go outside to play.

  너 밖에 놀러나가기 전에 네 장난감들 다 정리해야 한다.

- I need to *pick up* my room.

  나 내 방 정리해야 해.

4. 차로 ~을/를 데리러 가다

- I have to *pick up* my friend from the airport.

  나 공항에 친구 데리러 가야 해.

:: I need to *pick up* Alexander after soccer practice.

난 알렉산더가 축구연습이 끝날 때 맞춰서 데리러 가야 해.

5. ~을 / 를 북돋다

:: That movie was a real *pick-me-upper**.

그 영화보고 나니 아주 기분이 좋아지더라.

* pick up에 lift의 의미가 있지요? a pick-me-upper라는 것은 기분을 좋아지게 하거나 삶에 활력을 주고 에너지를 주는 것을 말합니다. 사람에 따라 카페인도 a pick-me-upper가 될 수 있겠죠.

:: I need a *pick*-me-*up* before I go back to the office.

사무실로 돌아가기 전에 뭔가 활력제가 필요한걸. (카페인을 의미)

본서 1권 [섹션 6]에서도 잠깐 언급했지만 위의 영어문장과 우리말번역을 비교하며 표현차이를 보십시오. 우리말에는 위와 같이 동사로 풀어서 서술하는 표현이 많은 반면, 영어는 되도록 명사로 표현하려는 특징이 있습니다. 우리는 사물의 이름에는 매우 약한 편입니다. 한국에서 한국말만 사용하며 살 때는 별로 느끼지 못했는데 영어를 하다보니 우리말에 '~하는 데 쓰는 것' 하는 식으로 정확한 명칭을 사용하지 않고 그냥 용도를 묘사하는 단어가 무수히 많다는 것을 깨달았습니다. 엄마가 아기에게 말을 가르칠 때부터 미국에서는 명사에 큰 역점을 두는 반면, 우리는 그네들에 비해서는 그다지 명사를 강조하지 않는 편입니다. 우리말은 형용사나 동사가 더 발달한 듯합니다. 간과하기 쉬운 특징이지만 알아두면 좀더 감각이 있는 영어를 구사할 수 있을 것입니다.

pick it up/pick me up과 같이 목적어가 대명사인 경우에는 언제나 부사 up을 목적어의 뒤에 쓰며 pick the car up/pick up the car 같이 목적어가 짧은 명사인 경우에는 편의에 따라 up을 목적어 앞이나 뒤에 쓸 수 있습니다. 듣고 말하기에 더 자연스럽기 때문입니다. 전치사는 언제나 명사 "앞"에 와야 하지만 부사는 편의상 목적어의 위치를 바꿀 수 있습니다.

6. ~을 / 를 유혹하다

:: Did you hear that *pick-up* line*? He said, "Is your father a thief? Because it looks like he stole the stars and out them in your eyes."

너 그 농담 들었니? 그가 "네 아버지가 도둑질을 한 건가 봐? 꼭 네 아버지가 별을 훔쳐다가 네 눈에 박아 넣은 것 같아."라고 말하는 거야.

46

:: That was a terrible _pick-up_ line*.

그거 진짜 형편없는 농담이었어.

* pick-up line은 상대의 관심을 끌거나 마음을 사로잡기 위해 사용하는 catch phrases와 같은 농담을 칭하는 말입니다. 동사로 pick up에는 '~를 유혹하다, 희롱하다(hit-on someone, make advances, flirt with someone)' 등의 뜻이 있습니다.

| ex. : Guys always try to pick her up when she goes out. |

:: He always uses _pick-up_ lines when he goes to the bars.

걔는 바에 가면 꼭 (여자애들 관심을 끌려는) 농담을 걸어.

Useful Expressions II

Body parts

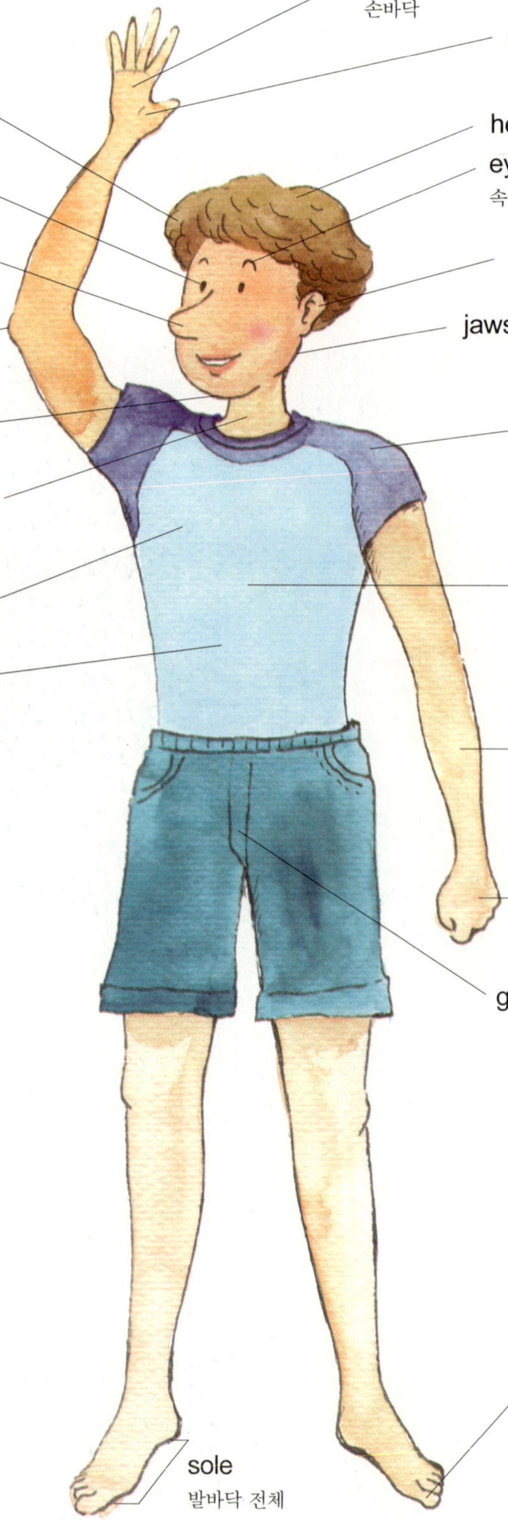

palm
손바닥
ball of the tumb
엄지손가락 옆의 볼록한 부분
hair
head
eyes (양쪽)
eye brows (양쪽)
속눈썹은 eyelashes라고 합니다.
nose
양 콧구멍은 nostrils라고 합니다.
ears (양쪽)
jaws (양쪽)
elbow
chin
shoulders (양쪽)
양쪽 어깨뼈는 shoulder blades라고 합니다.
neck
목구멍, 인후는 throat라고 합니다.
chest
torso
손·발·머리를 뺀 몸통
stomach
belly, tummy라고도 합니다.
arms (양쪽)
fist
주먹, 손가락 관절들은
knuckles라고 합니다.
genital
toe
복수형은 toes,
발톱은 toenails(복수)입니다.
sole
발바닥 전체

다음은 신체부위의 명칭입니다. 시선을 좌우로 이동하면서 테이프에서 나오는 단어를 찾아 그 부위를 손으로 짚어 가면서 소리내어 연습하십시오.

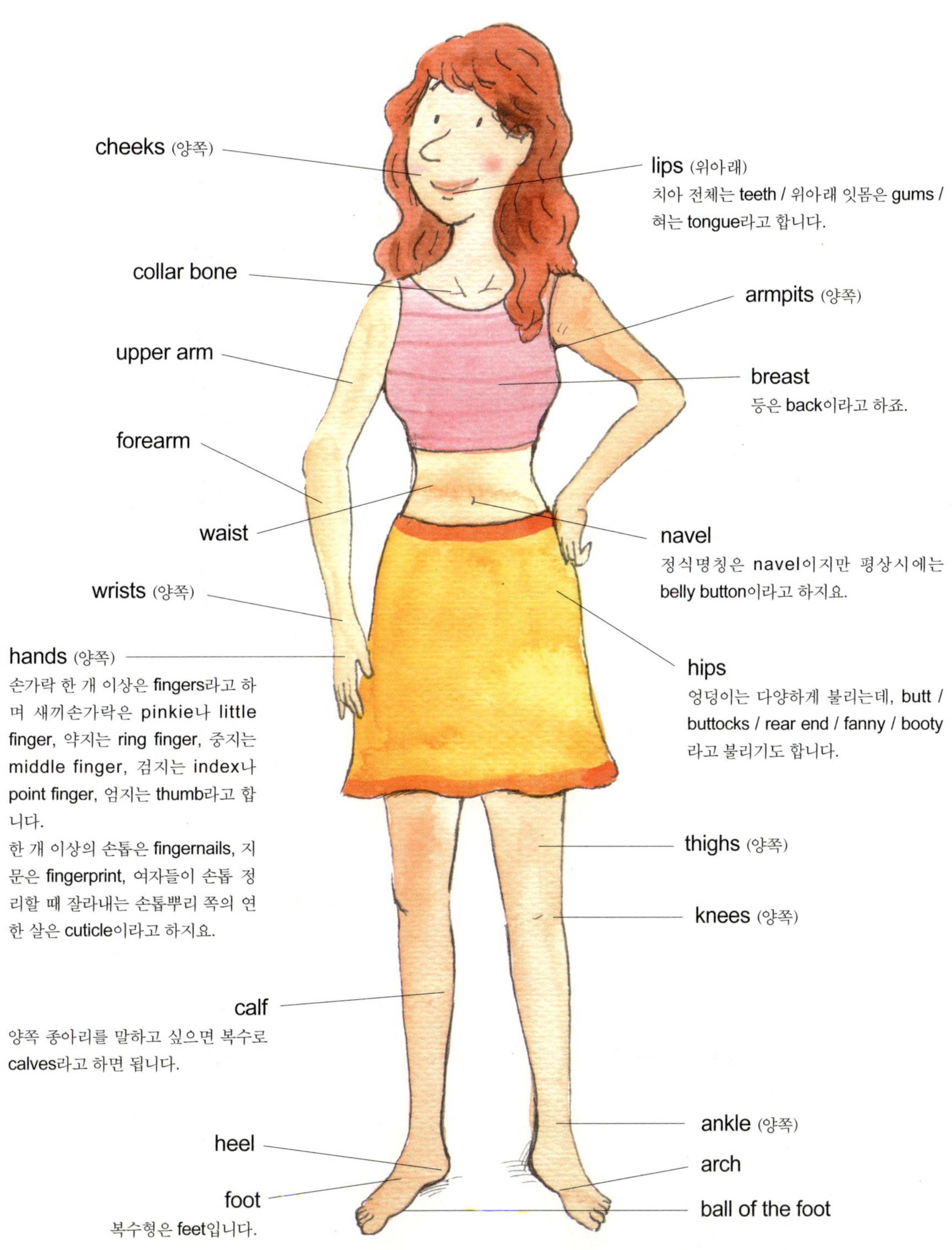
cheeks (양쪽)

lips (위아래)
치아 전체는 teeth / 위아래 잇몸은 gums /
혀는 tongue라고 합니다.

collar bone

armpits (양쪽)

upper arm

breast
등은 back이라고 하죠.

forearm

waist

navel
정식명칭은 navel이지만 평상시에는
belly button이라고 하지요.

wrists (양쪽)

hands (양쪽)
손가락 한 개 이상은 fingers라고 하
며 새끼손가락은 pinkie나 little
finger, 약지는 ring finger, 중지는
middle finger, 검지는 index나
point finger, 엄지는 thumb라고 합
니다.
한 개 이상의 손톱은 fingernails, 지
문은 fingerprint, 여자들이 손톱 정
리할 때 잘라내는 손톱뿌리 쪽의 연
한 살은 cuticle이라고 하지요.

hips
엉덩이는 다양하게 불리는데, butt /
buttocks / rear end / fanny / booty
라고 불리기도 합니다.

thighs (양쪽)

knees (양쪽)

calf

양쪽 종아리를 말하고 싶으면 복수로
calves라고 하면 됩니다.

ankle (양쪽)

heel

arch

foot
복수형은 feet입니다.

ball of the foot

The kids usually go to school in the car. But today there is no school.

원래는 아이들이 차를 타고 학교에 가는 시간이지만
오늘은 학교가 문을 닫았습니다.

Conversation

(The Anderson kids and their parents are at home for Thanksgiving break.)

Anderson씨네 가족이 추수감사절 휴가로 모두 집에서 쉬고 있다.

It is eight o´clock.

지금은 8시입니다.

The kids usually go to school in the car.

원래는 아이들이 차를 타고 학교에 가는 시간이지요.

But today there is no school. Thanksgiving is tomorrow.

하지만 오늘은 학교가 문을 닫았습니다. 내일이 추수감사절이거든요.

It is ten o′clock. Mrs. Anderson is usually at her office, but this morning she is reading the newspaper and having tea at home.

지금은 10시입니다. Anderson 부인은 보통 때는 사무실에 있지만, 오늘 아침에는 집에서 차를 마시면서 신문을 읽고 있습니다.

It is four o′clock in the afternoon.

지금은 오후 4시입니다.

Mr. and Mrs. Anderson usually drive home from work.

보통 때는 Anderson씨 부부가 퇴근하고 집으로 운전해 오는 시간이지요.

But this afternoon they are walking the dog.

하지만 오늘 오후는 부부가 강아지를 데리고 산책을 하고 있습니다.

It is six o′clock in the evening.

지금은 저녁 6시입니다.

In the evening the kids usually do their homework.

저녁때는 아이들이 보통 과제를 하는 시간입니다.

But this evening they are not doing their homework.

하지만 오늘 저녁에는 아이들이 과제를 하지 않고 있습니다.

They are playing board games with their friends.

아이들은 친구들과 보드 게임을 하고 있습니다.

It is nine o′clock.

지금은 9시입니다.

Mr. Anderson usually watches the news or takes a walk.

Anderson씨는 보통 때는 뉴스를 보거나 산책을 합니다.

But tonight he is drinking some wine with Mrs. Anderson.

하지만 오늘밤은 Anderson 부인과 함께 와인을 마시고 있습니다.

They are outside to enjoy the nice night.

두 사람이 함께 바깥에서 좋은 밤을 즐기고 있습니다.

They are playing board games with their friends.

Monopoly 등의 게임은 카드로 하는 게임(card games)과는 달리, 박스 안에 보드로 된 단단한 게임판이 들어 있기 때문에 board games라고 합니다.

Mr. Anderson usually watches the news or takes a walk.

walk에는 '~와 함께 걷다' 라는 뜻이 있습니다. 강아지를 산책시킨다고 할 때는 **walk the dog**이나 **take the dog for a walk**라고도 합니다. 참고로 to take the dog for a ride는 강아지와 드라이브를 간다는 뜻입니다.

본문에서처럼 (news)paper와 news 앞에는 관사를 언제나 붙입니다.

| ex. : read _the_ newspaper, watch _the_ news |

They are outside to enjoy the nice night.

1권 [섹션 13]의 **The boat is taking us to see the Statue of Liberty**. 라는 문장에서도 to 부정사구가 사용되었습니다. 굳이 문법을 따지면 위 문장(They are outside to enjoy~)의 to부정사구는 목적을 나타내며, 1권 [섹션 13]의 문장(The boat is taking~)은 결과를 나타내는 부사적 용법입니다. 부사적 용법으로 쓰일 때에는 이유판단의 근거·조건·목적·원인·결과 등 약간씩 다른 뜻으로 해석될 수 있습니다. 하지만 이렇게 문법을 따지면서 해석을 하는 공부방법은 실력을 키우는 데에는 오히려 장애가 될 수도 있습니다. 말을 하고 글을 쓰는 실력을 키우는 데에 이는 전혀 도움이 되는 않습니다.

'이것은 부사적 용법 중에서 목적이구나, 결과를 나타내는 구나…' 하는 식으로 따지지 말고 그냥 문장을 처음부터 찬찬히 읽으십시오. 순서대로 읽으면서 문맥에 맞게 의미를 받아들이면 됩니다. 여러분이 이 표현을 직접 말한다고 생각해 보십시오. 먼저 **They are outside** 하고 말한 후에 For what? To do what? 하고 말을 덧붙이고 싶어집니다. 그러면 **to enjoy the nice night** 하는 식으로 말을 덧붙이는 거죠.

문장의 구조를 이루는 기본적인 문법사항은 공부해야 하지만, 너무 문법을 따지면 초점이 빗나가고 맙니다. 저는 새로운 문장구조를 접할 때마다 단어를 바꾸어 넣어 제가 하고 싶은 표현들을 만들어 수십 번씩 반복하여 연습함으로써 그 문장구조를 제 것으로 만들려고 애썼습니다. 본서의 [Let's Practice] 에 제시된 문장들 이외에도 여러분이 직접 단어를 교체하여 하고 싶은 말로 바꾸어서 연습하기를 적극 권합니다.

I. 특정한 날에 관한 표현들

:: **One week from today** I am going camping.

지금부터 딱 일주일 후면 (다음주 오늘이면) 나 캠핑 간다.

- **Two weeks from today**   다다음주 오늘 / 지금부터 딱 2주일 후
- **Two weeks from this Friday**   다다음주 금요일

:: **In one (two, three, four…) month(s)** her baby will be born.

한 달(두 달, 석 달, 넉 달…) 후면 그녀가 아기를 낳을 거예요.

- She should have her baby **in the next few weeks**.*

  그녀는 앞으로 몇 주 있으면 아이를 낳을 거예요.

  * 1권의 [섹션 25]에서 should가 강한 가능성을 나타내는 경우를 보았습니다. 이 문장은 그와 같은 용례입니다.

:: **in the next couple of weeks**.   앞으로 두 주 있으면

- **In a couple of days**   이틀 후면
- **In a few weeks**   몇 주 후면
- **In a few months**   몇 달 후면
- **In a few minutes** I am going to eat lunch.   나 몇 분 있으면 점심 먹을 거야.

  일반적으로 a couple은 둘을 의미하고 a few weeks라고 하면 3주 정도를 의미합니다.

:: **Pretty soon** I am going to take a study break. Do you want to get coffee with me?

나 조금 있다가 (공부를) 잠깐 쉬려고 하는데. 나하고 같이 커피 마실래?

- **Pretty soon** I am going to head over to the library.

  나 조금 있으면 도서관으로 떠날 거야.

56

– I will finish my degree **pretty soon***.　　나 조만간 학위를 마칠 거야.

* pretty soon은 상황에 따라 시간의 가늠이 매우 달라질 수 있습니다. 여기서는 앞의 문장에서보다 좀더 긴 시간을 의미하겠죠?

II. '~하러 가다' 라는 뜻으로 자주 쓰이는 동사들

다음은 go 뒤에 동명사꼴로 쓰여서 '~하러 가다' 라는 뜻으로 자주 쓰이는 동사들입니다.

:: Let's go _hiking_.*

* 산을 오른다고 하면 무조건 climb을 사용하는 사람들이 있는데 장비를 갖추고 바위를 타며 하는 등산이 아닌 이상 산길을 걸어 오르내리는 것은 hike(걸어서 여행하다)라고 해야 더 적당할 것입니다.

:: Let's go _mountain-climbing_.

:: Let's go _jogging_.

:: Let's go _hunting_.

:: Let's go _biking_.

:: Let's go _skiing_.

:: Let's go _skating_.

:: Let's go _bowling_.

:: Let's go _swimming_.

다음은 힌트로 주어진 동사를 빈칸에 알맞은 형태로 바꾸어 문장을 완성하는 연습입니다.

빈칸을 완성한 후 테이프를 따라 소리 내어 연습하십시오. 해답은 제일 나중에 확인하기 바랍니다.

---

ex.) He usually reads the paper in the morning,

but today he __________ the paper in the evening.

Hint) read

→ He usually reads the paper in the morning,

but today he *is reading* the paper in the evening.

---

1. She usually drinks tea in the morning,　　　　　　　　Hint) drink

   but this morning she __________ coffee.

2. They usually play in the garden in the afternoon,　　　Hint) play

   but this afternoon they __________ in the park.

3. He usually washes the dishes at night,　　　　　　　Hint) wash

   but tonight he __________ clothes.

4. My boyfriend usually pays for dinner,　　　　　　　Hint) pay

   but tonight I __________ for dinner. It is going to be my treat.

5. In the evening the kids usually do their homework,   Hint) watch

but this evening they ___________ TV.

6. In the summer we usually go to our beach house,   Hint) go

but this summer we ___________ hiking in the mountains.

Number Drill

먼저 A의 숫자들을 순서대로 듣고 따라 하기 바랍니다. 여건이 된다면 입으로만 따라 말하는 것이 아니라 숫자를 받아 적어 보면 더욱 효과적일 것입니다. 숫자를 연습할 때도 아무 생각 없이 발음만 연습하지 말고 **언제나 그 숫자를 머릿속에 그리면서 연습해야** 그 발음과 이미지가 숫자와 함께 기억됩니다.

A. 다음의 숫자를 순서대로 듣고 따라 하세요.

20th	30th
40th	50th
60th	70th
80th	90th

twentieth | thirtieth | fortieth | fiftieth | sixtieth | seventieth | eightieth | ninetieth

B. 원어민이 말하는 숫자를 듣고 받아쓴 후 아래의 답과 맞추어 보십시오.

1. The __________ game of his football career is today.

2. I was in the __________ percentile.

3. He came in __________ out of one hundred.

4. My __________ birthday is today.

5. I am __________ on the waiting list.

6. My __________ wedding anniversary is soon.

7. After the __________ day I was exhausted.

8. The __________ annual celebration is tonight.

1. 40th | 2. 90th | 3. 80th | 4. 50th | 5. 60th | 6. 20th | 7. 70th | 8. 30th

Do you want anything else today?

또 필요한 것은 없나요?

다음 conversation의 내용을 먼저 듣고 따라 한 후, 본문을 보시기 바랍니다.

(Nancy needs some stamps.)

Nancy는 우표가 필요합니다.

Nancy : Hi. Do you sell stamps here?

안녕하세요. 여기 우표 팔아요?

Store Clerk : Yes, we do. How many would you like to buy? Do you want to buy a whole book of stamps, or just a few stamps?

네, 팔고말고요. 몇 장이나 필요합니까? 우표를 한 판을 다 드릴까요, 아님 낱장으로 드릴까요?

Nancy : Well, I have three letters. I need three stamps, please.
음, 편지가 세 통이니까. 우표 석 장만 주세요.

Store Clerk : Do you want stamps with the United States flag or purple flowers?
미국 국기가 그려진 우표를 원하세요, 아니면 보라색 꽃이 있는 우표로 하시겠어요?

Nancy : I don't know. May I see them, please?
잘 모르겠는데. (먼저) 구경 좀 해도 될까요?

Store Clerk : Of course. (= Certainly! Yes! Why, yes!)
물론이죠.

Nancy : I'd like the flowers, please.
꽃으로 주세요.

Store Clerk : Do you want anything else today? We have a sale on notebook paper.
달리 또 필요한 것은 없고요? 저희가 공책을 세일하고 있거든요.

Nancy : No, thank you. I have lots of notebooks.
고맙습니다만 아니에요. 전 공책이 많거든요.

Store Clerk : Okay. There you go. Have a good day.
그래요. 자, 여기 있습니다. 좋은 하루 되세요.

Nancy : Thanks. You, too.
고마워요. 당신도요.

Do you want to buy a whole book of stamps, or just a few stamps?

이 문장에서 **a book of stamps**는 보통 20장 1묶음을 말합니다. book은 낱장이 아니라 묶음으로 되어 있다는 의미를 갖고 있죠. 그리고 우표 뒤에 물이나 풀을 묻힐 필요 없이 스티커처럼 되어 있는 우표는 **self-adhesive stamps**라고 합니다.

↘ a few, a little, 그리고 a lot of / lots of의 비교

a few와 (아직 소개되지 않았지만) few는 셀 수 있는 명사와 함께 사용하며 a little과 little은 셀 수 없어서 양으로 따져야 하는 명사와 함께 사용합니다. 그리고 a lot of / lots of는 셀 수 있는 명사나 셀 수 없는 명사에 상관없이 쓸 수 있습니다.

a few는 '몇 (개, 명 등등)이 있다' 는 뜻이지만 그 숫자는 말하는 이의 주관적인 판단에 따라 차이가 있을 수 있고, few는 '거의 없는' 의 부정적인 의미로 사용되는 단어이지만 a few와 마찬가지로 그 수는 각자의 주관적인 판단에 따라 차이가 있을 수 있습니다.

a little은 '약간이나 얼마 정도가 있는' 의 뜻이지만 그 양은 few/a few와 마찬가지로 말하는 이의 주관적인 판단에 따라 차이가 있을 수 있습니다. little은 '거의 없다' 는 부정적인 의미이며 그 양은 마찬가지로 말하는 사람의 주관적인 판단에 따라 차이가 있을 수 있습니다.

I´d like the flowers, please.

이 표현은 다음과 같이 표현할 수도 있습니다.

- I want the flowers.   꽃으로 주세요.
- I´ll take the flowered stamps.   꽃이 그려진 우표로 할래요.
- The flowers, please.   꽃으로요.

Do you want anything else today?

이 표현은 다음의 표현들과 같은 의미죠.

- Anything else then?   뭐 다른 거는 필요 없어요?
- Anything else for you?   뭐 다른 거는 필요하지 않아요?
- You want anything else?   다른 거는 필요한 거 없어요?
- Is that all?   이게 다예요?
- Will that be all for you?*   이게 다입니까?

* Will that be all for you? 는 Wal-Mart나 식료품가게 등에서 특히 많이 듣는 표현입니다. 유학생들에게서 이 표현과 관련된 질문을 받은 적이 많습니다. 가게에서 물건을 사고 계산할 때마다 듣는 말이 있는데 도대체 뭐라고 하는지 모르겠다는 겁니다. 발음과 액센트가 익숙하지 않아서 알아듣지 못하는 대표적인 표현이라고 할 수 있습니다.

발음에 대하여 | ## Will과 all의 발음

Will that be all for you? 라는 말을 잘 알아듣지 못하는 이유는 사람들이 보통 알고 있는 will과 all의 발음이 미국인의 발음과 현격한 차이가 나기 때문입니다. 그리고 더군다나 중요한 단어에 강세를 넣고 다른 단어는 약하게 말하는 그들의 액센트에 익숙하지 않으니 깜짝 놀라서 멍하니 있는 경우가 많은 거지요. 영어공부를 시작한 지 얼마 되지 않을 때는 액센트에 민감하지 않을 뿐만 아니라 액센트의 강세도 정확히 들리지 않으므로 따라 하기 쉽지 않을 것입니다. 하지만 끈질긴 연습은 많은 장애를 극복하게 해 준다는 것을 기억하십시오.

Do you want anything else? 와 비슷한 뜻으로 **Would you like anything else?** 를 쓸 수 있습니다. 미국에서 물건을 사러 가든 음식을 주문하든 흔히 듣는 질문입니다. '이게 전부냐, 뭐 또 필요한 것 없냐' 라고 묻는 이런 세일즈 기법은 suggestive selling이라는 마케팅 기술의 하나인데 McDonald에서 시작되었다고 합니다. 맥도널드에서 점원이 흔히 쓰던 **Would you like fries with that?** (프렌치프라이도 하시겠어요?) 이라는 표현은 한때 굉장한 유행이 되어서 패스트푸드 직종을 대표하는 말처럼 되었답니다. 패스트푸드 직종에서 일하는 사람들을 풍자하는 농담으로도 흔히 쓰였고 공부 안 하는 아이에게 "너 그렇게 공부 안 하다가 나중에 Would you like fries with that? 같은 말이나 하는 그런 직업을 갖고 싶으냐?" 하고 으름장을 놓기도 하고요. 그렇지만 편견과 차별이 가득 찬 표현이기 때문에 그런 의미로 쓰는 것은 권하고 싶지 않습니다.

No, thank you.

본문과 같이 다른 물건의 구입을 권유받았을 때 가볍게 거절하려면 다음과 같이 대답하면 됩니다.

– I just want three stamps.   그냥 우표만 석 장 주세요.

– No. I only want the stamps.   아뇨. 그냥 우표만 할래요.

– Nope. Just the stamps. Thanks.   아니. 그냥 우표만요. 고마워요.

There you go.

여기서는 이 표현이 Here you go. (여기 있어요.)와 같은 뜻으로 쓰였습니다. 이 표현은 또 예를 들어, 상대방이 내가 원하는 대로 행동했거나 적절한 아이디어를 냈다거나 해답을 찾거나 문제를 해결했을 때 "그렇지. 바로 그렇게 하는 거야" 하는 뜻으로도 쓰입니다.

Have a good day.

헤어질 때의 인사로는 **Have a good one. Take care. See you later**. 등도 흔히 쓰입니다. day처럼 서로가 뻔히 아는 단어인 경우 본문처럼 Have a good day (or week)! 라고 하는 대신에 **Have a good one**.이라고 하기도 합니다. 하지만 미국인들 중에도 언어사용에 까다로운 사람들은 one을 사용하여 이처럼 애매하게 표현하는 것을 별로 좋아하지 않습니다.

See you later.는 서로 잘 알고 곧 또 만날 사람뿐 아니라, 다시는 못 볼 것 같은 사람에게도 얼마든지 쓸 수 있는 말입니다. 이는 만나고 헤어질 때 오가는 인사말에 우리처럼 그렇게 큰 의미를 부여하지 않는 미국의 문화를 알면 이해하기 쉬울 것입니다.

미국에 처음 온 외국인들 대부분이 가장 처음 경험하는 문화충격이 바로 이 인사말인 듯합니다. 학교나 길거리 혹은 산책하다가 생전 처음 본 미국인에게 **How are you doing? What's up?**과 같은 인사를 받으면 처음에는 상당히 당황해 합니다. 알맞은 인사말을 겨우 생각해내어 대답을 하려고 하면 이미 상대방은 저만치 가버리고 없는 경우가 대부분입니다. 이러한 인사말들은 대부분의 경우 **Hello**와 같이 대답을 기대하지도 않으며 아무런 특별한 의미도 갖지 않는 '가벼운 인사' 일 뿐입니다. 하지만 상대와 친밀한 관계인 경우에는 달라집니다. 미국인들도 친한 친구나 가족끼리 그리고 특히 자기가 마음에 두고 있는 여자나 남자에게 그런 인사를 건넨 다음에는 촉각을 세우고 대답을 주시할 것입니다.

다음은 밑줄 친 명사를 알맞은 형태로 바꾸어 문장을 완성하는 연습입니다. 문장을 완성한 후에는 테이프를 따라 소리 내어 연습하십시오. 해답은 제일 나중에 확인하기 바랍니다.

> ex.) I don´t have any _banana_, but I have some _peach_.
> → _I don´t have any bananas, but I have some peaches._

1. I don´t have any _coffee_, but I have some _milk_.

____

2. I don´t have any _grape_, but I have some _peach_.

____

3. I don´t have any _tomato_, but I have some _potato_.

____

4. I don´t have any _envelope_, but I have some _writing paper_.

____

5. I don´t have any _glue_, but I have some _tape_.

____

1. I don't have any coffee, but I have some milk. | 2. I don't have any grapes, but I have some peaches | 3. I don't have any tomatoes, but I have some potatoes. | 4. I don't have any envelopes, but I have some writing paper. | 5. I don't have any glue, but I have some tape.

He has a headache and an earache.

그는 두통도 있고 귀앓이를 하고 있어.

Conversation

다음 conversation의 내용을 먼저 듣고 따라 한 후 본문을 보시기 바랍니다.

(Jae´s son, Yale, is sick.)

재의 아들 예일이가 아프다.

Nancy : Hi, Jae. Where is Yale?

안녕 재. 예일이는 어디 갔니?

Jae : Oh, he´s in bed. He´s not feeling well today.

어, 침대에 누워 있어. 오늘 애가 몸이 좀 안 좋네.

Nancy : Oh, no. What´s wrong? (= Why? Is he okay? What´s the problem?)
저런. 어디가 안 좋은데?

Jae : He has a headache and an earache. His ear really hurts. Should I take him to see the doctor?
두통도 있고 귀앓이를 하고 있어. 귀앓이를 심하게 하네. 의사한테 데리고 가야 할까?

Nancy : Yea, that´s a good idea.
그래, 그러는 게 좋겠다.

Doctor : Hi, Yale. I am going to look in your ears. Okay?
예일아 안녕. 선생님이 귀 좀 들여다볼게. 괜찮지?

Jae : Does he have an ear infection?
얘가 중이염인가요?

Doctor : Well, he does not have an ear infection. He has a lot of sinus pressure. It´s just a bad cold.

음, 중이염은 아닌데요. 싸이너스 프레셔가 너무 심해요. 단지 감기가 심해서 그런 거예요.

Jae : Does he need medicine?

약을 먹여야 할까요?

Doctor : Yes. A decongestant will help his cold. And he should stay in bed and get a lot of rest.

네. 코 막힘을 없애는 약을 먹는 것도 도움이 될 겁니다. 그리고 (나아질 때까지는) 계속 누워서 충분한 휴식을 취해야만 해요.

Jae : Okay. He doesn´t feel well enough to play anyway. Thank you for looking at Yale.

알겠습니다. 뭐 몸이 안 좋으니까 놀 수도 없을 거예요. 예일이 검사해 주셔서 감사합니다.

Doctor : You´re welcome! My pleasure. Bye, Jae. Bye-bye Yale!

천만예요. 도움이 되었다면 제가 더 기쁘지요. 잘 가요, 재. 안녕, 예일아!

He´s in bed.

아침에 시간 여유가 있어서 늦잠을 자거나 깨어서도 잠자리에서 안 일어나고 미적거리는 것을 영어로 어떻게 표현하면 좋을까 궁금하신 적이 있습니까? 다음의 표현들을 참고하세요.

- He´s staying in bed today.   이 사람 오늘은 아직도 잠자리에서 안 일어나네요.
- I´m sleeping in today.   나 오늘은 늘어지게 잠 좀 자고 있어.
- I´m hanging out in bed.   나 침대에서 뒹굴고 있어.
- I´m being lazy.   나 지금 게으름 부리고 있는 중이야.

His ear really hurts.

많은 사람들이 Amy hurt her arm. I hurt my knees.에서처럼 hurt가 타동사로 쓰이는 용례는 익숙하게 여기면서도 완전자동사로 쓰이는 용례는 어색해 하는 경향이 있습니다. 흔하게 쓰이는 용례이므로 익혀 놓으면 유용하게 쓸 일이 많을 겁니다.

| ex. : My gums _hurt_.　　잇몸이 아파. |

| ex. : Ouch! It* _hurts_.　　아야! 아파. |

* 특정하게 부위를 가리키지 않고 아프다고 할 때는 it을 사용하면 됩니다.

hurt는 신체적, 정신적 상처뿐 아니라 손해를 의미하여 아래와 같은 용례로도 흔히 쓰입니다.

| ex. : It won´t _hurt_.　　그런다고 손해날 거는 없을 거야. |

| ex. : It wouldn´t _hurt_ to try.　　손해날 거 없을 텐데 한번 해 보지. |

I´m going to look in your ears.

전치사 in과 함께 look을 쓰면 '~의 안을 들여다보다' 라는 의미가 됩니다. 참고로 '거울을 들여다 보다' 라고 할 때에도 거울 자체를 보는 것이 아니라 거울 안쪽에 비친 나의 이미지를 보는 것이므로 전치사 **in**을 써서 **look in a mirror**라고 합니다. 눈앞에 있거나 특정한 거울을 칭할 때는 정관사를 사용하여 look in the mirror라고 해야겠지요.

sinus pressure

When a person´s sinuses get full of mucus, this can cause a headache, and you can feel that there is literal pressure in your face around the sinus area. (sinus에 점액이 차면 두통이 나기도 하고 얼굴의 sinus가 있는 곳에 말 그대로 압박감을 느낍니다.) 주로 눈 아래 코 옆 부분과 눈과 눈썹 사이의 안쪽 등에 통증을 느낍니다. 심해져서 **sinus infections**에 걸리면 항생제 (antibiotics) 처방을 받아야 하지요.

He doesn′t feel well enough to play anyway.

영어를 어느 정도 공부하다가 기초를 다시 확실하게 다지기 위해 이 책을 보고 계신 분들은 위의 〈형용사 + enough + to부정사구〉로 된 구조에 꽤 익숙하리라 생각합니다. (well은 부사로만 알고 있기 쉽지만 위 문장에서처럼 형용사로도 자주 쓰입니다.) 하지만 만일 위의 문장을 읽으면서 'to 이하 하기에 충분히 (형용사) ~한' 하고 우리말 순서로 거꾸로 해석하는 분이 있다면 이 문장구조도 다시 익히기 바랍니다.

순서대로 듣고 읽고 그대로 이해하십시오. 위의 문장을 봅시다. 앞에서부터 읽으십시오. **He doesn′t feel well**. 하고 읽으면 무슨 말인지 이해가 되죠? feel이 형용사의 보어로 쓰이는 이 용례는 앞에서 이미 다룬 구조입니다. 그 다음 계속해서 읽으십시오. **He doesn′t feel well enough**. 여기까지 읽은 다음에 머리 속에 enough to do what? 하는 의문이 생깁니까?
이제 여러분이 이 문장구조로 말을 한다고 생각해 봅시다. 그 다음은 얼마든지 말을 만들 수 있겠죠. **He doesn′t feel well enough to go to work**. 등등, to 다음에 알맞은 동사를 이어 완성할 수 있을 것입니다. [Let′s Practice]에서 계속하여 이 문장구조를 연습하기 바랍니다.

Thank you for looking at Yale.

본문에서 look at은 examine의 의미입니다. 미국 구어체 생활영어에서는 look at이 study나 examine 등을 의미하는 말로 흔히 쓰입니다.
| ex. : Today we′ll be _looking at_ the Roman Empire.   오늘은 로마제국을 공부하겠습니다. |
여기에 미래진행형이 사용되었기 때문에 잠깐 언급을 하겠습니다. 과거든 현재나 미래든 진행형으로 쓰는 경우는 그 결과보다는 과정에 역점을 두어 말하는 것임을 유의하기 바랍니다. 위 문장에서도 We′ll look at ~ 하고 말하지 않고 we′ll be looking at~이라고 말한 것은 수업시간 중에 우리가 공부할 내용이 이것이라고 '그 과정에 역점을 둔' 표현이기 때문입니다. 어감상의 차이를 말씀드린 겁니다.
| ex. : Thanks for _looking at_ it.   이거 손봐줘서 고마워. |
　　　글을 다듬어 주거나 교정 등을 해 줘서 고맙다고 하는 거죠.
| ex. : I′m going to take a _look at_ your back teeth.   어금니를 좀 볼까요. |
| ex. : My car is making a strange sound. ─ I′ll take a _look at_ the muffler. |
　　　내 차에서 이상한 소리가 나요. ─ 머플러를 한번 봐야겠군.

Let's Practice

I. 다음은 문장의 주어에 알맞게 동사를 변형하는 연습입니다. 힌트를 듣고 동사를 알맞은 형태로
변형하여 문장을 완성하십시오. 다음의 순서에 따라 연습하기 바랍니다.

① 중급 이상의 독자들은 교재를 덮고 테이프만으로 문제를 풀어 볼 것을 권합니다.

② 먼저 테이프에서 나오는 보기를 듣고 따라 하십시오.

③ 그 다음 1번부터 예문과 힌트를 듣고 문장을 완성하여 소리 내어 답합니다.

④ 테이프의 답을 듣고 따라 합니다.

⑤ 아직 듣기가 힘들다면 빈칸에 답을 적은 후에 테이프를 따라 소리 내서 연습하십시오.

⑥ 주어진 답은 제일 나중에 확인하십시오.

---

ex.) I have a headache.   Hint) He

→ *He has a headache*.

---

1. I must stay at home.   Hint) He

____

2. I have a cold.   Hint) He

____

3. I can´t go to work.   Hint) She

____

4. I am not well.   Hint) He

____

5. I am ill.   Hint) She

____

6. I need to go to the doctor.   Hint) He

____

Ⅱ. 다음은 주어진 힌트를 이용하여 〈**형용사 + enough + to 부정사구**〉로 된 구문의 문장을 완성하는 연습입니다.

① 중급 이상의 독자들은 교재를 덮고 테이프만으로 문제를 풀어 볼 것을 권합니다.
② 먼저 테이프에서 나오는 보기를 듣고 따라 하십시오.
③ 그 다음 1번부터 예문과 힌트를 듣고 문장을 완성하여 소리 내어 답합니다.
④ 테이프의 답을 듣고 따라 합니다.
⑤ 아직 듣기가 힘들다면 빈칸에 답을 적은 후에 테이프를 따라 소리 내서 연습하십시오.
⑥ 주어진 답은 제일 나중에 확인하십시오.

Hint) he − old − go to school
→He´s old enough to go to school.

1.

Hint) he - rich - buy a Lexus

____

2.

Hint) she - smart - go to Harvard

____

3.

Hint) he - tall - go on the ride

____

Hint) he - good - make the team

____

1. He is rich enough to buy a Lexus. | 2. She is smart enough to go to Harvard. | 3. He is tall enough to go on the ride. |
4. He is good enough to make the team.

Let's Practice II에 대한 해설

3 **go on the ride**는 '놀이공원의 기구를 타다' 는 말입니다. 아이들이 놀이공원에서 기구를 타는 데에는 키 제한이 있지요.

4 중학교까지는 별다른 제한이 없지만 미국 고교와 대학에서는 하고 싶다고 누구나 운동경기에 참여할 수 있는 것은 아닙니다. 선발경기에 참가하여 일정한 수준의 실력을 보여 주고 (They have to try out.) 인정받아야 팀의 일원으로 뛸 수가 있습니다. **They made the team.**은 팀의 일원이 되었다는 표현입니다.

※ good의 여러 가지 의미

위의 마지막 문장에서 쓰인 good은 스포츠에 능하다는 의미겠지요. 구어체에서 흔히 쓰이는 good의 용례를 몇 가지 소개해 보겠습니다.

- **This salad is good**. (It tastes good.)
  이 샐러드 맛있네.

- **I think it's good that you decided to go to class today**. (It's a smart decision.)
  네가 오늘 수업 가기로 한 거는 (참) 잘한 것 같아.

- **This is a good car**. It's never had to be repaired. (The car runs well.)
  이 차 (참) 좋아. 한번도 고장 난 적이 없어.

- **My kids are really good**. They won't give you any trouble. (They are well behaved.)
  우리 애들은 정말 착해요. 전혀 힘들게 하지를 않는답니다.

- **That was a good movie**. (It was a well done/directed/produced movie.)
  그거 괜찮은 영화더라.

- **There is a good view from the top of the mountain**.
  산꼭대기에 올라가서 보면 경관이 아주 좋습니다. (They will be able to see well from the top of the mountain.)

I have to take care of him.

내가 아이를 보살펴 줘야 해.

다음 conversation의 내용을 먼저 듣고 따라 한 후, 본문을 보시기 바랍니다.

(Julie calls in to work. She has to miss a day because her little boy is sick.)

Julie는 사무실로 전화를 한다. 그녀의 아들이 아파서 하루 결근을 해야 한다.

Julie : Hi, Emily. This is Julie.

Emily, 안녕! 나야.

Emily (the office secretary) : Hello, Julie. How is your little boy feeling today? Is he better?

안녕, Julie! 아이는 좀 어떠니 오늘은? 좀 나아졌니?

Julie : No, he´s still pretty sick, Emily. I can´t come in to work today. I am going to stay home to take care of him.

아니, Emily. 얘가 아직도 몸이 영 안 좋네. 오늘 출근 못 하겠어. 애 좀 돌봐 주게 집에 있으려고 해.

Emily : That´s too bad, Julie. We really need you here at the office today.

그거 큰일이다, Julie. 여기 사무실에서도 네가 꼭 필요한데.

Julie : I know, Emily, but I have to take care of him.

나도 알아 Emily, 하지만 내가 애를 보살펴 줘야 해서 말야.

Emily : What about your husband?

네 남편 있잖아?

Julie : Oh, no. He is ill, too. He saw the doctor yesterday. Both my husband and my little boy have to stay in bed until they feel better.

아이 참. 그이도 아프지 뭐니. 그이도 어제 의사한테 갔었어. 남편과 아이 둘 다 몸이 나을 때까지 누워 있어야 해.

Emily : So, you´re actually going to take care of both of them!

그럼 정말 네가 두 사람 다 돌봐 줘야겠구나!

Julie : Yes, they both have bad colds.

응, 둘 다 심한 감기야.

Emily : I understand, Julie. Good luck with your family.

알았어, 줄리. 식구들 건강해졌으면 좋겠다.

Julie : Thanks, Emily.

고마워, Emily.

How is your little boy feeling today?

your little boy : 미국에서는 자신의 자녀를 칭할 때 boy와 girl을 흔히 사용합니다. 미국 영화나 드라마에서는 관중석에서 운동경기를 응원하던 아빠가 옆 사람을 향해 "That's my boy!" 하고 자랑스럽게 말하는 모습을 종종 볼 수 있습니다.

I can't come in to work today.

이 표현은 다음과 같이 고쳐 말할 수 있습니다 .

– I don't think I will be able to come <u>in</u>* to work today.

오늘은 제가 아무래도 출근하기 힘들 것 같아요.

– I'm sorry, but I won' t be able to work today.

미안하지만 오늘은 출근 못할 것 같아요.

– He is too sick to come <u>in</u>*.　　그 사람 몸이 너무 안 좋아서 출근을 못 해요.

* 위의 문장들에서 쓰인 in의 사용이 익숙하지 않다고요? 여기서 in은 전치사가 아니라 'in to the workplace' 라는 의미의 부사라는 것에 유의하십시오.

앞에서 의문부사가 있는 의문문의 변환연습은 이미 해 보았으므로 이번에는 진행형으로 된 의문문을 평서문으로 변환하는 연습을 해 보겠습니다.
How is your little boy feeling today? 는 2권의 [섹션 6]에 쓰인 **He's not feeling well today**.의 의문문 형태입니다.

① 먼저 의문문의 형태로 문장을 봅니다. → **How is your little boy feeling today?**

② 평서문으로 바꾸려면 의문부사를 원래 부사의 위치로 옮겨야겠죠. → [**Is your little boy feeling how today**.]*

③ 다음 주어와 기능동사의 위치를 원래대로 바꿉니다. → [**Your little boy is feeling how today**.]*

④ how에 대한 대답을 적당히 찾아서 단어를 교체하고 your로 물은 질문에 대한 대답이므로 my로 고쳐야겠지요. → **My little boy is not feeling well today.**

⑤ 앞에서 이미 아들에 대해 언급한 경우는 위와 같이 my little boy라고 하지 않고 인칭대명사 he로 받아 말합니다. → **He is not feeling well today.**

* 변환하는 도중의 문장([ ]안의 문장)은 과정을 설명하기 위하여 보여 준 것이지 완성된 문장이 아니므로, 올바른 표현이 아닙니다.

I'm going to stay home to take care of him.

앞에서 강조한 것처럼 순서대로 읽으면서 의미를 영어 그대로 받아들이기 바랍니다. 혹시 이 문장을 보면서 to take care of him을 먼저 '그이를 돌보기 위해' 라고 해석하고 나서 앞부분으로 돌아가 '집에 있을 거야' 라고 해석했나요? 이렇게 짧은 문장부터 영어 그대로 그리고 순서대로 이해하는 습관을 들여야 합니다. 먼저 **I'm going to stay home**을 번역 없이 읽으면서 그 의미를 연상합니다. 그 다음에 to부정사구의 역할은 이미 다루었으므로 **to take care of him**을 번역 없이 이해하는 것은 그리 어렵지 않을 것입니다.

We really need you here.

이렇게 말하면 출근을 못하는 상대방은 다소나마 죄책감을 가질 수 있겠지요? 일 할 사람이 모자라 일손이 딸릴 것 같다고 할 때 흔히 쓰는 말로 **We will be short staffed**.라는 표현이 있습니다.

What about your husband?

〈What about + 명사 (동명사)?〉와 〈How about + 명사 (동명사)?〉 구문은 그 전에 어떤 이야기를 하다가 그 맥락에서 새로운 사항을 제안하거나 다른 이슈를 제기할 때 쓰는 표현입니다. 시중에 나와 있는 사전을 보면 what about~ 의 한국말 번역이 '~하는 게 어떤가?' 라고 나와 있기 때문에 What about이나 How about을 제의를 할 때는 언제나 쓸 수 있는 표현인 줄로 착각을 하는 경향이 있습니다. 예를 들어서 아무런 맥락이 없이 대뜸 **What about going to the movies?** 하는 식으로 말하는 겁니다. 이 표현들은 그전에 볼링을 치러 가는 것, 음악회에 가는 것 등 여러 가지 선택사항을 놓고 얘기하는 와중에 다른 새로운 제안을 하면서 사용할 수 있는 말입니다.

He is ill.

미국에서 sick과 ill은 종종 구분 없이 쓰이는 경향이 있습니다만 두 단어는 약간 다른 어감을 줍니다. sick은 감기 등의 보다 사소한 질병에 사용되며 그로 인한 다소간의 불편함(inconvenience)이 연상되는 단어인 반면, ill은 암과 같은 장기간의 치료가 필요한 병을 연상하게 합니다.

Both my husband and my little boy have to stay in bed until they feel better.

우리는 영어로 된 긴 문장의 글을 만나면 먼저 당황부터 하는 경향이 있습니다. 기억할 것은 처음부터 순서대로 읽으면 말이 안 되는 문장은 없다는 것입니다. 제대로 쓴 글이라면 말입니다. 문장이 설사 열 줄이 되더라도 전혀 긴장할 필요가 없습니다. 생각해 보십시오. 우리가 한글로 된 글을 읽을 때에 문장의 길이를 먼저 가늠한 다음에 글을 읽던가요? 그렇지 않지요. 그냥 처음 단어부터 순서대로 읽는 것입니다. 물론 영어에도 원어민에게조차 난해하게 느껴질 정도로 쓰인 문장들은 있습니다. 한 문장을 쓸데없이 길게 쓰는 것은 좋은 writing이 아니며, 글 솜씨가 형편없는 사람이 논리 없이 길게 쓴 글은 우리와 마찬가지로 원어민도 이해하기 어렵습니다.

위 문장을 읽어봅니다. **Both** my husband **and** my little boy까지 읽고는 여기까지가 주어부분인 것을 감지하셨나요? 'Both ~ and ~'는 표현 전체를 늘 복수취급을 해야 합니다. 계속 읽습니다. Both my husband and my little boy **have to stay in bed** 여기까지 읽으면서 머릿속에 문장이 의미하는 바를 그림으로 그리셨습니까? 하나의 문장이 일단 끝이 났지요. 머릿속에는 남편과 아이가 앓고 있는 모습이 그려집니다. 머릿속에 staying in bed 하는 모습을 그리고 있다가 **until they feel better**를 읽으면 앞에서 읽은 문장에 대해 명확한 시간제한이 생깁니다.

영어에서는 두 개의 단문을 마침표가 없이 한 문장 안에 쓰려면 언제나 접속사를 사용해야 합니다. 접속사는 문장을 붙이는 접착제인 셈이지요. 지금까지 봐왔던 **and**나 **but** 등은 가장 기초적인 형태의 접속사입니다. 두 개의 대등한 문장을 그냥 연결하는 것뿐이기 때문입니다. 반면에 앞의 문장에 쓰인 **until**은 문법에서 '종속접속사'라고 불리는 접속사입니다. 종속접속사로 부르는 이유는 이 접속사가 뒤에 끌고 오는 문장은 주된 문장에 덧붙여서 '조건'을 달거나 '이유'를 말하는 식으로 의미를 추가하는 역할을 하기 때문입니다. **until**은 다른 용례에서는 명사 앞에 쓰여서 전치사의 역할을 하기도 합니다.

They feel better.

better는 good의 비교급 형태이므로 문장에서 good이 어떤 의미로 사용됐는지에 따라 '더 좋은, 더 맛있는' 등의 다른 뜻을 나타낼 수 있습니다. (They feel good. They feel better.)

I. 다음은 문장의 주어에 알맞게 동사를 변형하는 연습입니다. 힌트로 주어진 문장의 주어를 Jim 으로 바꾸어서 문장을 완성하십시오. 다음의 순서에 따라 연습하기 바랍니다.

① 중급 이상의 독자들은 교재를 덮고 테이프만으로 문제를 풀어 볼 것을 권합니다.

② 먼저 테이프의 보기를 듣고 따라 하십시오.

③ 그 다음 1번부터 문장을 듣고 주어를 Jim으로 바꾸어서 소리 내어 답합니다.

④ 테이프의 답을 듣고 따라 합니다.

⑤ 아직 듣기가 힘들면 빈칸에 답을 적은 후에 테이프를 따라 소리 내서 연습하십시오.

⑥ 주어진 답은 제일 나중에 확인하십시오.

---

ex.) I can't take any aspirin.

→ *Jim can't take any aspirin.*

---

1. I like to read in bed.

2. I listen to music, too.

3. I don´t wear glasses anymore.

____

4. I have a cold.

____

5. I am feeling a lot better now.

____

6. I have to stay in bed until my fever goes down.

____

1. Jim likes to read in bed. | 2. Jim listens to music, too. | 3. Jim doesn't wear glasses anymore. | 4. Jim has a cold. | 5. Jim is feeling a lot better now. | 6. Jim has to stay in bed until his fever goes down.

II. 다음은 접속사 until을 가지고 문장을 연결하는 연습입니다. 두 문장이 순서대로 되어 있지 않으므로 until을 사용하여 알맞은 내용이 되도록 문장을 연결하십시오. until이 이끄는 종속절은 주절의 앞이나 뒤, 어느 편에나 올 수 있지만 편의상 답에는 일률적으로 뒤에 적었습니다.

① 중급 이상의 독자들은 교재를 덮고 테이프만으로 문제를 풀어 볼 것을 권합니다.

② 먼저 테이프의 보기를 듣고 따라 하십시오.

③ 그 다음 1번부터 문장을 마무리하여 소리 내어 답합니다.

④ 테이프의 답을 듣고 따라 합니다.

⑤ 아직 듣기가 힘들면 빈칸에 답을 적은 후에 테이프를 따라 소리 내서 연습하십시오.

⑥ 주어진 답은 제일 나중에 확인하십시오.

---

ex.) They have to stay in bed.   They feel better.

→ *They have to stay in bed until they feel better.*

---

1. I finish this paper.   I can't leave the office.

____

2. He can't graduate.   He takes another math class.

____

3. They put a fence in the back yard.   They won´t buy a puppy.

____

4. They finish painting.   We can´t move into the apartment.

____

5. She can´t pick up her car from the mechanics.   Her husband comes home.

____

Useful Expressions

각종 동물의 소리와 소음을 모아보았습니다. 소리를 듣고 연습하십시오.

crash!
a car crashing
유리제품이 깨지는 소리도 똑같이 표현합니다.
something ceramic breaking - crash
people crying
boo hoo hoo
honk, honk
horn honking
혹은 beep, beep이라고 표현하기도 하죠.
Laughing
hee, hee나 tee-hee라고 표현하기도 합니다.
ha, ha
bang, bang
ring, ring
doorbell
ring, 혹은 ding-dong이라고도 하죠.
buzz
phone ringing
knock, knock
knocking on the door
gun shooting
총알 같은 것이 빨리 지나가면서 내는 소리는
whoosh라고 합니다.
something passing you fast - whoosh!
quack, quack
duck
새끼오리는 duckling이라고 합니다.
hoo, hoo, hoo, Merry Christmas!
sheep
새끼양은 lamb라고 합니다.
Santa Clause
산타클로스 하면 길거리에 bell이
ding, ding 울려 퍼지는 광경이 떠오르지요.
bah(bahhhhhh)

95

Mary is not a baby anymore, honey.

Mary는 이제 어린애가 아니에요, 여보.

Conversation

다음 conversation의 내용을 먼저 듣고 따라 한 후, 본문을 보시기 바랍니다.

(Mary wants to go out with her friends.)

Mary는 친구들을 만나러 외출을 하고 싶어 한다.

Dad : What are you going to do tonight, sweetie?

우리 예쁜이 오늘밤엔 뭘 할 거니?

Mary : I am going to meet some friends at Pizza King, Dad.

아빠, 나 Pizza King에서 친구들을 만나려고 해요.

Dad : Okay, but you have to come home at ten o'clock on the dot. I don't want you to come in here at quarter after.

좋아, 하지만 너 10시 정각에는 집에 돌아와야 한다. 15분이라도 늦으면 안 된다.

Mary : Dad! That's so early! May I stay out until eleven?

아빠! 그건 너무 일찍이잖아요! 11시까지 있다가 오면 안 돼요?

Mom : Mary is not a baby anymore, honey. She is responsible. She can stay out until quarter till eleven. How do you feel about that, Mary?

Mary는 이제 어린애가 아니에요, 여보. 애도 책임을 질 줄 안다고요. 11시 15분전까지만 들어오면 돼요. 넌 어떻게 생각하니, Mary?

Mary : Well, that's okay.

어, 그건 좋아요.

Dad : Well, I can live with that. But you have to be home by 10:45 p.m. Otherwise, next time you should be home by ten!

뭐, 나도 그 정도는 봐줄 수 있겠는데. 하지만 너 10시 45분까지 꼭 들어와야 한다. 안 그러면 다음번에는 10시까지 집에 들어와야 해!

Mom : Have fun, Mary.

재미있는 시간 보내렴, Mary.

Dad : Be safe, Mary. We love you.

조심해, Mary야. 엄마 아빠는 널 사랑한단다.

Mary : Bye. See you later. I love you, too.

안녕! 이따 봐요. 저도 엄마 아빠 사랑해요.

You have to come home at ten o´clock on the dot.

위 문장에서 쓰인 on the dot은 다음과 같은 표현으로 바꿔 쓸 수 있습니다. 정각이라는 뜻이지요.

– You have to come home at 10 o´clock *sharp*.

– You have to come home at 10 o´clock *on the nose*.

– You have to be home *on time*.

at quarter after

본문에서 쓰인 이 표현이 생소한 분들도 많이 있으리라 생각합니다. 하지만 미국에서는 너무나 흔히 쓰이는 표현이기 때문에 익혀 놓으면 유용할 것입니다.

(a) quarter는 어떤 단위에서의 1/4을 의미합니다. 예를 들어 '미국동전' 에서 a quarter는 1달러의 1/4인 25센트짜리 주화를 말하며 '시간' 을 말할 때는 1시간의 1/4인 15분을 의미합니다.

| ex. : It´s (a) quarter till twelve.　지금 12시 15분 전이야. |

| ex. : It´s (a) quarter till seven.　지금 7시 15분 전이야. |

| ex. : It´s (a) quarter after nine.　지금 9시 15분이야. |

그런데 문맥상 혹은 대화하는 쌍방간에 묵시적으로 현재의 시간(hour)을 알고 있는 상황에서는 뒤의 시간도 생략해서 말하는 경우가 많습니다. 바로 본문의 경우가 그렇지요.

| ex. : at (a) quarter till　15분 전에 |

| ex. : at (a) quarter past the hour　정각에서 15분 지나서 |

| ex. : It´s noon.　지금 낮 12시야. |

| ex. : It´s midnight.　지금 자정이야. |

| ex. : It´s one.　지금 한 시야. |

참고적으로 말하자면 시간과 관련해서 It´s *half past* one.과 같은 표현은 이제 미국에서는 약간 구닥다리 표현이 되어가고 있습니다.

How do you feel about that?

이 표현은 <u>What do you *think* about that?</u> / <u>What does that *look like* to you?</u> 등과 똑같은 말입니다. 어떤 것에 대해 평가할 때, feel이라는 단어를 사용할 수도 있고, think나 look like를 사용할 수도 있는 거죠. 자신의 느낌을 믿는 사람이 있는 반면 이성적인 사고를 중요시하는 사람도 있는 것처럼 이는 사고의 차이에서 나오는 다른 표현일 뿐입니다.

I can live with that.

이 표현은 어느 정도 어쩔 수 없이 받아들이는 느낌을 주는 말입니다. Well, I can deal with that. / Well, I guess so. Okay. / Well, that plan is OK. (그렇게 하는 것도 괜찮아) 등의 의미로 하는 말이죠.

Be safe.

이 표현은 좀더 '일반적인 의미의 주의' 를 의미하는 반면 **Be careful!**은 칼을 쓰고 있다든가 뜨거운 것을 다루고 있는 등 '눈앞에 보이는 위험에 대해 경고할 때' 쓸 수 있는 말입니다. 본문에서처럼 외출하는 딸아이에게 Be careful! 이라고는 하지 않습니다.

다음은 주어진 힌트를 이용하여 'not ~ anymore' 구문의 문장을 완성하는 연습입니다.

① 중급 이상의 독자들은 교재를 덮고 테이프만으로 문제를 풀어 볼 것을 권합니다.

② 먼저 테이프의 보기를 듣고 따라 하십시오.

③ 그 다음 1번부터 힌트를 듣고 문장을 완성하여 소리 내어 답합니다.

④ 테이프의 답을 듣고 따라 합니다.

⑤ 아직 듣기가 힘들면 빈칸에 답을 적은 후에 테이프를 따라 소리 내서 연습하십시오.

⑥ 주어진 답은 제일 나중에 확인하십시오.

---

ex.) She - be a baby

→ *She is not a baby anymore.*

1.

Hint) I - want a cat

2.

Hint) I - be a student

____

3.

Hint) I - be - a member

____

4.

Hint) I - be tired

____

5.

Hint) we - be dating

____

6.

Hint) they - go out to the bars

____

7.

Hint) Robert - call me

____

8.

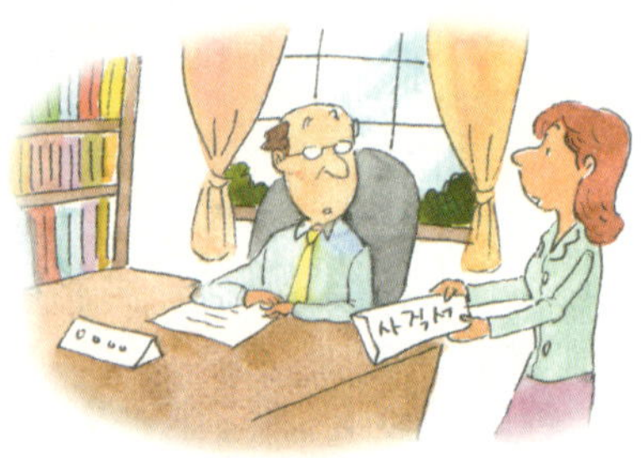

Hint) Susan - teach at the high school

____

9.

Hint) Joe - go to college

____

1. I don't want a cat anymore. (I found out I am allergic to them.) | 2. I'm not a student anymore. | 3. I'm not a member anymore. | 4. I'm not tired anymore. (Sure, let's go!) | 5. We are not dating anymore. | 6. They do not go out to the bars anymore. | 7. Robert does not call me anymore. (I think he might be mad at me!) | 8. Susan does not teach at the high school anymore. | 9. Joe does not go to college anymore. (He dropped out!)

Did you have fun?

재미있었어?

Nancy : Hi, Amy. What's up? Were you visiting Dave in St. Louis?

Amy, 안녕. 뭐 재미있는 소식 있어? 너 세인트루이스에 Dave 만나러 갔었니?

Amy : Yes, I was.

응, 그랬어.

Nancy : Did you have fun? Did you visit the arch?

재밌었어? 아치도 가 봤니?

Amy : No, it was terrible. He broke up with me!

아니야, 아주 엉망이었어. 걔가 나하고 헤어지자고 했어.

Nancy : He broke up with you? Oh, my gosh! I can't believe it. What happened? What did he say?

개가 너한테 헤어지자고 했다고? 아니 세상에. 믿을 수가 없네. 무슨 일이 있었던 거야? 개가 뭐라고 했는데?

Amy : He doesn't want to date me anymore. I see your suitcase in the hallway. Are you taking a trip?

나하고 더 이상 만나고 싶지 않아 해. 복도에 네 여행가방이 있는데. 너 여행가니?

Nancy : I am on my way out of town. Tammy and I are going to spend the weekend together.

나 막 여행 떠나는 길이야. Tammy하고 주말을 같이 보낼 거거든.

Amy : Well, have a nice time with Tammy.

그래, Tammy하고 좋은 시간 보내.

Nancy : Where are you going? Are you okay?

넌 어디 가는 길이야? 너 괜찮니?

Amy : I am really sad. I am going to go home and spend some time with my family. They always cheer me up.

나 너무 괴로워서. 집에 가서 가족과 함께 시간을 좀 보내려고 그래. 우리 가족은 언제나 내 기분을 북돋아 주거든.

Were you visiting Dave in St. Louis?

이 문장은 과거진행시제입니다. 현재진행시제와 마찬가지로 미래진행시제와 과거진행시제는 그 동작의 결과보다는 과정에 중점을 두는 표현입니다. Did you visit Dave? 라고 과거시제로 물으면 방문했느냐는 '결과' 에 초점이 맞춰지지만, Were you visiting Dave? 라고 과거진행시제로 물으면 무엇을 하며 시간을 보냈는지 그 '과정' 에 더 초점이 맞춰집니다.

Oh, my gosh.

이는 크거나 작은 정신적인 충격을 받았을 때 미국인들이 흔히 내뱉는 감탄사입니다. **Oh, my goodness**.라고도 하지요.

I am on my way out of town.

on my way는 '가는 도중' 이라는 말이지만(in the process of going somewhere) 막 떠나기 바로 직전에도 흔히 쓰는 말입니다. 자리를 털고 일어나면서 할 수 있는 말이라는 거죠.
| ex. : I'll see you soon. I'm on my way.　　곧 보자. 나 지금 가는 길이야. |

out of town은 《Mainstream English》에서도 자세히 설명했지만 잠깐 살펴보지요. 예를 들어 Dr. Lee is out of town. (이 박사님 지금 출타중이십니다)라고 하면 Dr. Lee가 '자기가 살고 있는 동네에서 벗어난 지역으로 가 있다' 는 것입니다. 어떤 사람의 거취를 알리고 싶지 않아서 거짓으로 둘러댈 때 미국에서 흔히 쓰이는 말이기도 합니다.
하지만 Dr. Lee 가 외부에서 돌아왔다고 할 때는 He's in town.이라고 하지 않습니다. in town은 '타 지역에 사는 이가 이 도시에 와 있다' 고 할 때 쓰는 표현이기 때문입니다. 우리 동네에 타이거 우즈가 와 있다고 하려면 **Tiger Woods is in town**.이라고 하면 되겠지요.

I. 다음은 정관사를 적절하게 사용하는 연습입니다. 다음의 문장 중에는 the가 필요한 문장도 있고 필요 없는 문장도 있습니다. 테이프를 들으면서 답을 한 후에 완성된 문장을 따라 하십시오.

1. I went to _____ bed early.

2. My daughter was at _____ park on Thursday.

3. My son was at _____ school on Tuesday.

4. She rides _____ horseback.

5. I was at _____ church on Sunday.

6. I am in _____ love with Mike.

7. We are going to _____ Atlantic City.

8. I was at _____ office on Monday.

9. I was at _____ home on Saturday.

1. X | 2. O | 3. O | 4. O | 5. O | 6. X | 7. X | 8. O | 9. X

 다음은 평서문을 의문문으로 고치는 연습입니다. 평서문으로 주어진 대답이 나올 수 있도록 질문을 하는 겁니다. 의문문으로 고칠 때 시제와 인칭대명사에 유의하십시오.

① 중급 이상의 독자들은 교재를 덮고 테이프만으로 문제를 풀어 볼 것을 권합니다.

② 먼저 테이프에서 나오는 보기를 듣고 연습하십시오.

③ 그 다음 1번부터 주어진 문장을 듣고 의문문으로 변환하여 소리 내어 답합니다.

④ 테이프의 답을 듣고 따라 합니다.

⑤ 아직 듣기가 힘들다면 빈칸에 답을 적은 후에 테이프를 따라 소리 내서 연습하십시오.

⑥ 주어진 답은 제일 나중에 확인하십시오.

---

ex.) They believe in Santa Claus.

→ *Do they believe in Santa Claus?*

---

1. My son likes peanut butter and jelly sandwiches.

→ ______________________________________

2. The house has hardwood floors.

→ ______________________________________

3. I want to make dinner tonight.

→ ______________________________________

4. I saw the new movie with Brad Pitt.

→ ____

5. I spent time with my family.

→ ____

6. My family went on a vacation.

→ ____

7. She had a good nap today.

→ ____

8. He drank all his milk.

→ ____

9. They liked the art exhibit.

→ ____

10. I enjoyed the orchestra.

→ ____

1. Does your son like peanut butter and jelly sandwiches? | 2. Does the house have hardwood floors? | 3. Do you want to make dinner tonight? | 4. Did you see the new movie with Brad Pitt? | 5. Did you spend time with your family? | 6. Did your family go on a vacation? | 7. Did she have a good nap today? | 8. Did he drink all his milk? | 9. Did they like the art exhibit? | 10. Did you enjoy the orchestra?

숫자를 연습할 때도 아무 생각 없이 발음만 연습하지 말고 언제나 그 **숫자를 머릿속에 그리면서 연습**해야 그 발음과 이미지가 숫자와 함께 기억됩니다.
문장을 듣고 받아쓰는 연습입니다. 문장 전체를 받아쓰기 바랍니다. 숫자를 직접 보고 **소리 내어 읽는 연습**을 하십시오. 받아쓰기에서 틀린 숫자는 읽고 쓰는 연습을 여러 차례 반복하십시오.

1. _______ place out of 200 is not bad at all.

2. After our _______ day traveling I was ready to go home.

3. If I see my _______ birthday I will be surprised.

4. _______ percentile is not too bad.

5. _______ percentile is not good.

6. I live on _______ Street.

7. This is the basketball team's _______ season.

8. It is my Grandpa's _______ birthday.

9. I read in the newspaper it is her _______ birthday.

10. _______ Street is dangerous.

11. _______ Street is a lot better. Drive on it instead of _______.

1. 41st | 2. 74th | 3. 89th | 4. 86th | 5. 56th | 6. 52nd | 7. 74th | 8. 83rd | 9. 99th | 10. 32nd | 11. 42nd / 32nd

My friend and I were at the game.

내 친구하고 나도 경기에 갔어요.

다음 conversation의 내용을 먼저 듣고 따라 한 후, 본문을 보시기 바랍니다.

There is a football game on TV every Sunday.

매주 일요일이면 텔레비전에서 풋볼경기를 합니다.

Last Sunday was a big game.

지난 주 일요일에는 큰 경기가 있었어요.

Purdue University played Indiana University.

퍼듀 대학교가 인디애나 대학하고 경기를 했어요.

They are rivals!

그 두 학교가 라이벌관계거든요!

There were tens of thousands of fans there.

팬들이 수만 명이 왔답니다.

My friend and I were at the game.

내 친구하고 나도 경기에 갔어요.

Lots of our friends were there, too.

거기엔 우리 친구들도 많이 있었어요.

We sat in the bleachers.

우린 관중석에 앉았고

I was wearing a gold shirt.

난 금색 셔츠를 입었죠.

Gold and black are Purdue′s colors.

금색과 검정색이 퍼듀대 칼라거든요.

There was a lot of shouting and cheering.

함성과 응원이 대단했어요.

Purdue made a touch down in the first half, and kicked a field goal, too.

퍼듀가 전반부에 터치다운을 하고 필드골도 찼어요.

Purdue′s quarterback is a great athlete!

퍼듀 쿼터백은 대단한 선수예요.

It was an exciting game.

아주 재미있는 경기였어요.

The score was tied 27-27 with three minutes remaining.

경기 3분 남기고 점수가 27대 27로 동점이었어요.

Indiana University had the ball.

인디애나 팀이 공을 갖고 있었고요.

They were going to try to make a touchdown to win the game.

걔네들이 터치다운해서 경기를 이기려고 했는데

But Purdue intercepted, and ran the ball all the way in for a touchdown.

퍼듀가 인터셉트를 하고 그대로 달려가서 터치다운을 해 버린 거예요!

The crowd went wild!

관중들이 난리가 났죠!

On the way home, my friend said to me, "Wasn't that a great game? We have to go next time they play at home."

집에 오는 길에 제 친구가 제게 그러더라고요, "정말 재미있는 경기였지? 우리 다음에 홈경기 할 때도 또 와야겠다."

"We had a lot of fun. Next Sunday let's go to another football game."

"정말 재미있는 하루였어. 우리 다음 일요일에 있는 풋볼경기도 가자."

Purdue University played Indiana University.

퍼듀가 인디애나에 맞서 게임을 하게 되었다는 말을 다양하게 표현해 보지요.

— It was Purdue versus Indiana.

— It was Purdue/IU.   — We played IU.

We sat in the bleachers.

관중석을 표현할 때는 **bleachers**를 가장 흔히 쓰지만, **bench(s)**라고 해도 되고 다음과 같이 말할
수도 있습니다.

  — We sat in the stands.   우린 스탠드에 앉았다.

  — We sat in the student section (on bleachers).   우린 학생석에 앉았다.

Purdue made a touch down in the first half.

터치다운은 한 팀이 공을 **end zone**까지 갖고 가는 것입니다. (A football team gets the ball
into the end zone.)

터치다운을 하려면 공을 손으로 잡고 달리든지 선수가 end zone에 가서 다른 선수가 던져 주는 공
을 받든지 해야 합니다. (They have to run the ball in their hands or else catch it when
they are in the end zone.)

the end zone은 필드의 끝을 말하는데, 게임이 시작되기 전에 각 팀이 필드의 한 쪽을 할당받습니
다. (Each team is assigned to a side of the field before the game starts.)

the first half는 말 그대로 경기의 전반부(the first half of the game)를 이릅니다. 각 풋볼경기
는 약 세 시간 반 정도가 걸리므로 (three and a half hours long) 전반부경기는 약 한 시간 45분
정도가 지난 후에 끝나고, 그러고 나면 하프타임이 있습니다. (The first half would come after
about an hour and forty-five minutes. Then there's half time.)

하프타임은 쉬는 시간입니다. 그 시간에 다들 화장실도 가고 먹을거리나 음료수를 사 갖고 오기도 합
니다. (People get drinks and food.)

kicked a field goal, too

a field goal은 공을 차서 골대를 통과하는 것을 이릅니다. (A team kicks the ball through
the goal posts.) 골대가 아주 높기 때문에 **kicking**만 전문으로 연습하는 선수가 따로 있지요.

Purdue's quarterback is a great athlete!

쿼터백은 자기 팀의 다른 선수들에게 공을 던져 주는 사람입니다. 그 사람이 주로 하는 일은 어디로 던지는 게 가장 유리한지를 판단해서 팀원에게 공을 던지기도하고 (to throw the ball to his teammates) 때론 자기가 직접 짧게 패스를 시도하기도 합니다. (Sometimes he makes short little passes to them.)

It was an exciting game.

위의 exciting은 game을 꾸며 주고 있는 형용사입니다. 현재분사는 동명사와 형태는 같지만 현재분사는 문장에서 형용사 역할을 합니다. 명사를 꾸며 주거나 보어역할을 하는 거죠. 본문의 There was a lot of shouting and cheering.라는 문장에 나오는 **shouting and cheering**은 동사가 명사가 된 동명사입니다.

↘ 현재분사

1권의 [준비운동]에서 잠깐 설명했듯이 '현재' 분사는 능동적인 의미를 지니고 '과거' 분사는 수동적인 의미를 갖습니다. 아래의 문장을 보시면 reading이 '사람들에게 흥미를 주며' 음식이 '사람들의 군침을 돌게 하므로' 능동적인 의미를 나타내는 '현재' 분사를 써야 하는 것을 알 수 있습니다.

- That was really _interesting_ reading.　　그거 정말 재미있는 글이더라.
- They serve (really) _mouth-watering_ food.　　거기는 음식들이 정말 군침이 돌아.

수비와 공격을 영어로는 어떻게 표현할까?

Purdue was on defense.　퍼듀가 수비였어.

The Indiana University team had possession of the ball.　인디애나가 공을 갖고 있었어. (공격권)

They were in control of the ball (on offensive), and the Purdue team was trying to stop them from scoring.　걔네들한테 공격권이 있었고 퍼듀 팀은 걔네가 점수를 못 내게 막고 있는 중이었지.

The Score was tied 27-27.

현재 동점이라는 것을 (when the scores are equal) 표현할 때 The score was even. 이라고 해도 무리는 없지만 본문에 제시한 표현이 가장 흔히 쓰이는 말입니다. 수동태는 뒤의 [섹션 15]에서 자세히 다루겠습니다.

with three minutes remaining.

위와 같이 문장 뒤에 오는 〈with + 명사 + 형용사(구)〉 형태는 '상황을 덧붙여 설명해 주는 표현' 입니다. 여기서도 remain이 현재분사로 바뀌어 형용사 역할을 하고 있는 것을 볼 수 있습니다.

– He said it *with a smile on his face*.　그는 미소를 띠고 말했다.

– She said goodbye *with tears in her eyes*.　그녀는 눈에 눈물을 글썽이며 작별인사를 했다.

They were going to try to make a touchdown to win the game.

be going to ~가 위와 같이 과거시제로 쓰이면 '~하려고 했지만 안 되었다' 는 의미를 내포하는 말입니다.

위 문장을 읽을 때도 길어진다고 해서 습관대로 뒤부터 읽지 말고 처음부터 찬찬히 읽으십시오. to win the game은 문법적으로는 결과를 나타내는 용례지요. 'touchdown을 해서 이기다' 라고 이해하면 될 것입니다.

Purdue intercepted, and ran the ball all the way in for a touchdown.

위에서 **in**은 in to the end zone을 의미하는 부사고 **all the way**는 '~하는 내내', '줄곧', '계속' 등을 의미하는 부사입니다.

| ex. : I drove all the way to Kansas without stopping. |

　　　난 캔자스까지 한 번도 멈추지 않고 내내 달렸다.

| ex. : I walked all the way home (from work).　나 (직장에서) 집에까지 걸어서 갔어. |

intercept를 해서 터치다운까지 해 버렸다는 것을 다르게 표현하면 이렇게 말할 수 있습니다.

– But a Purdue player caught the ball, and he ran all the way to the end zone for a touchdown.　　퍼듀 선수가 공을 잡아서는 end zone까지 내리 달려서 터치다운을 해 버렸어.

We have to go next time they play at home.

이 문장에서 next time은 종속부사절을 이끄는 접속사 역할을 하고 있습니다.

홈경기는 본문에 소개한 표현 말고도 다음과 같이 표현할 수 있습니다.
– Purdue *has a home game* this weekend.

원정경기를 간다면 (If they play away), 다음과 같이 표현할 수 있지요.
– Next weekend Purdue will be away, so I will watch the game on TV.
– Next weekend Purdue will be at/in Ohio, so I will watch the game on TV.
오하이오 주립대는 퍼듀와 같은 Big Ten League에 속해 있는 팀입니다. 오하이오 주에서 라는 의미로 말하는 거면 in Ohio라고, 오하이오 주립대학(Ohio State University)이라는 의미로 말할 때는 at Ohio라고 하는 것이죠.

Tip　풋볼을 아세요?

풋볼은 미국인들이 가장 좋아하는 스포츠 중 하나입니다. 그 동네에 풋볼경기가 벌어지면 시간에는 온 거리가 한산해지고 경기장에 가지 못한 사람들은 집에서 TV로 관람을 합니다. 물론 풋볼경기가 시작하기 전이나 끝나고 난 후 몇 시간 동안은 차량정체가 심하지요. 남자들뿐 아니라 온 가족이 모여 관람하는 게임이랍니다. 물론 남자들이 더욱 열광하지만요. 미국에서 살아본 적이 없는 분들에게는 풋볼에 대한 본문이 다소 재미없게 느껴질 수도 있지만 일단 미국에서 몇 달만이라도 살아 보면 위 본문의 내용을 반갑게 느낄 거라고 생각합니다.

우리나라에서는 TV를 안 보면 친구들과 대화가 안 된다는 말을 하는데 미국에서는 풋볼시즌(연중 하반부)에 풋볼을 모르면 대화가 안 된다고 할 정도로 남녀노소 할 것 없이 열광하는 스포츠입니다.

다음은 문장에서 알맞은 전치사를 활용하는 연습입니다. 빈칸에 **at**이나 **on, in** 중 알맞은 전치사를 넣은 후 테이프를 듣고 따라 하십시오.

1. We were ______ the hotel ______ Monday.

2. We were there ______ four o´clock.

3. On January 18th, they were on vacation ______ Korea.

4. On November 25th, they were ______ America.

1. at / on | 2. at | 3. in | 4. in

각종 가정용 가구
dryer
washer
kitchen table
oven / stove
ceiling fan
changing table
Couch/sofa
이인용 소파는 Love seat이라고 합니다.
Ottoman
Bar stool
entertainment center
fan
end table
Coffee table
Stool
bookshelf
CD꽂이는 CD holder라고 합니다
treadmill
floor lamp
computer desk
desk
desk chair

다음은 집안에 있는 각종 가구의 이름들입니다.

bedside table
bed
lamp
책을 볼 수 있게 침대 머리 등에 집게로
부착할 수 있도록 되어 있는 램프는
reading lamp라고 합니다.
bunk beds 이층침대
접으면 소파가 되고 펴면 침대가
되는 가구는 futon이라고 합니다.
trundle bed
침대 밑에 서랍처럼 넣고 뺄 수 있는
침대를 이르는 말입니다.
footstool
crib
armchair
흔들의자는 rocking chair
라고 합니다.
wardrobe
armour
dresser drawers
stairmaster
Elliptical machine
Exercise equipment

I should take the bus home after class.

수업이 끝나면 버스 타고 집에 가야 해.

다음 conversation의 내용을 먼저 듣고 따라 한 후 본문을 보시기 바랍니다.

(John and Bob, graduate students, have to take the city bus home after class.)

대학원생인 John와 Bob은 수업이 끝난 후에 집으로 가기 위해 시티버스를 타야 한다.

John : Hi. Are you taking the bus home today?

어이, 오늘 집에 버스 타고 가니?

Bob : Yea, my wife has the car today. So I should take the bus home after class. What time does it come?

응, 오늘은 마누라가 차를 써서 수업 끝나면 버스 타고 집에 가야 돼. 버스 몇 시에 오니?

John : Well, it usually comes at about quarter after four.

음, 보통 4시 15분 정도에 와.

Bob : What time is it now?

지금 몇 시니?

John : Let's see. Right now it is a little after four o'clock.

어디 보자. 지금 4시가 조금 넘었네.

Bob : Is the bus ever late?

혹시 버스가 늦을 때도 있니?

John : Not usually. (= No, not really.) Why (do you ask)?

별로 안 그러는데. 왜 (묻는 건대)?

Bob : Well, I want to be home by five thirty to start making dinner.

어, 저녁 준비를 시작하려면 다섯 시 반까지는 집에 도착하고 싶거든.

John : That's nice. Do you make dinner often?

자상하기도 해라. 네가 저녁식사 준비 자주 하니?

Bob : Yes, I like to cook. Hey, would you like to eat dinner with us tonight?

응, 난 요리하는 거 좋아해. 야, 오늘밤에 우리하고 함께 저녁 먹지 않을래?

John : No, thank you. I'd better go straight home. My girlfriend and I have a date tonight at six. But it was nice of you to ask. I would like to sometime.

고맙긴 한데 안 되겠어. 곧장 집에 가야 해. 여자친구하고 오늘밤 6시에 데이트가 있거든. 그래도 그렇게 물어 봐주니 고맙다. 나도 언제 그러면 (너네 집에서 저녁 함께 하면) 좋겠다.

Bob : Good! That would be fun. You can bring your girl friend, too.
Oh, look. Here′s the bus. It′s right on time.

좋지! 그럼 참 재미있겠다. 네 여자친구도 데려오고. 어, 저기. 버스 왔다. 딱 정시에 오는구먼.

Are you taking the bus today?

위 문장은 진행형으로 쓰였지만 실제로는 진행시제가 아닌 미래시제를 나타내고 있습니다. 진행시제가 때에 따라 미래시제를 나타낸다는 것, 기억하고 있지요?

미국 일부 젊은층이 사용하는 slang 중에 이 문장과 같은 의미로 쓰는 **You′re busin′ (= busing) it today?**라는 표현이 있습니다. 격이 없는 매우 가벼운(informal) 말투지요. 이 문장에서 모르는 단어는 하나도 없지만 미국 친구가 갑자기 이렇게 묻는다면 알아듣지 못하는 사람들이 많을 것입니다. **bus it**은 bus가 동사로 쓰인 속어로서 '버스를 타고 가다' 라는 뜻입니다. 위와 같이 평서문도 문장의 끝을 살짝 올려서 말하면 의문문이 됩니다.

요즘 미국 젊은이들 사이에서는 이 문장에서처럼 doing, busing과 같은 단어 뒤의 'g' 를 발음하지 않는 아주 게으른 말투가 유행입니다. 시대마다 사람들의 말투에도 유행이 있는데 미디어와 인터넷이 사람들의 생활에 미치는 영향이 더욱 커진 요즘은 말투의 유행이 더욱 급격하게 변하고 확산되는 경향이 있는 듯합니다.

영어의 Formal code와 Informal code

본서 1권에서도 설명했듯이 미국영어에는 격이 있는 영어(formal code)와 격이 없는 영어(informal code)가 있으며 일반 대화에서는 대부분의 사람들이 격이 없는 영어를 사용합니다. 격이 없는 영어 중에서 slang은 갓 생성되어 극히 제한된 부류의 사람들만이 알아듣고 주고받는 표현에서부터 수십 년 동안 사용되어서 거의 모든 사람들이 들으면 바로 이해하는 표현까지로 포괄적으로 나눠집니다.

예를 들어 구어체 사전인 《Mainstream English》에 담은 slang과 본서에 소개한 대부분의 표현들은 거의 모든 미국인들이 들으면 이해하는 표현들입니다. 제가 '듣고 이해한다'고 정의하는 이유는 사람마다 직접 사용하는 말투에는 차이가 있기 때문입니다. 영어뿐 아니라 우리말을 보아도 흔하게 사용되는 표현이라고 해서 모든 사람들이 그 표현을 즐겨 쓰는 것은 아니니까요.

My wife has the car today.

My wife _has_ the car today. / My wife _is using_ the car today. 이 두 문장을 비교해 보십시오. 우리말로는 주로 '오늘은 아내가 차를 쓰고 있다'라고 표현하므로 영어로도 두 번째 문장처럼 진행형을 사용하는 것이 더 익숙하게 여겨질 수 있습니다. 하지만 소유에 대한 의식이 매우 강한 미국 문화에서는 첫 번째 문장도 매우 흔히 쓰입니다. 사고방식을 전환하면 표현영역이 좀더 넓어질 것입니다.

위 문장의 have는 '~를 가지고 있다'라는 소유를 의미하지요? have가 소유의 의미로 쓰일 때는 진행형으로 표현할 수 없습니다. 소유라는 것이 잠깐 진행중이다가 그칠 수 있는, 수시로 변하는 성질의 개념이 아니기 때문입니다.

하지만 have가 '소유'가 아닌 다른 뜻으로 쓰일 때는 얼마든지 진행형으로 표현할 수 있습니다. 다음은 그 몇 가지 예입니다.

| ex. : I'm _having_ a hard time. (experience의 의미) |

| ex. : She's _having_ lunch now. (eat의 의미) |

| ex. : I'm _having_ a baby. (give birth to의 의미 — 진행형으로 미래를 나타내는 경우) |

What time does it come?

이 말을 다르게 표현해 보면 다음과 같습니다.

– What time does it <u>get</u>* to this stop?　　몇 시에 이 정거장에 도착하니?

– What time is it supposed to <u>get</u>* <u>here</u>?**　　몇 시에 여기 도착하는 걸로 돼 있니?

　* 위의 예문들에서 get은 '도착하다'라는 뜻으로 쓰였습니다. get 뒤에 장소를 나타내는 명사를 쓰려면 '～에, ～로'라는 의미의 전치사 'to'와 함께 쓰면 됩니다.
** 두 번째 문장의 구조는 아직 소개되지 않은 수동형의 문장형태입니다. 자세한 설명은 [섹션 15]에 나오는 수동태에 대한 설명을 참조하십시오.

Tip · 미국의 버스시스템

미국은 땅덩이가 워낙 넓기 때문에 아예 버스노선이 없는 지역도 많고 도시 내에도 버스노선이 닿지 않는 곳이 많습니다. 그렇기 때문에 자동차는 발과 마찬가지이고 차가 고장 나면 큰 불편을 겪게 됩니다. 우리나라에서는 음주운전 등으로 운전면허가 정지되거나 취소되는 것을 별스럽지 않게 여기는 사람도 많지만 미국에서는 면허증이 신분증이나 마찬가지기 때문에 면허증이 없으면 여러 가지 제한을 받는 것은 물론이고 아주 짧은 거리도 누군가의 라이드(ride)를 받아야만 움직일 수 있습니다. 면허증이 없으면 셀 수 없이 많은 불편함을 겪게 되는 것이죠. 집밖을 나갈 때마다 하루에도 수 차례 다른 사람의 라이드를 받아야 하기 때문에 다른 사람에게 큰 폐를 끼치는 것이 됩니다. 자신의 운전면허가 취소되었다는 사실이 다른 사람들에게 알려지는 것은 시간문제이며, 이는 극히 수치스러운 벌이랍니다.

제가 있는 퍼듀 대학은 37,000명이 넘는 학생과 그와 비슷한 수의 교수 및 직원의 주차난을 해소하기 위해서 몇 해 전에 새로운 버스 시스템을 구축했습니다. 아래에 퍼듀의 버스 시스템을 소개해 드리겠습니다.

· There are about 5 different buses on the Purdue campus.

　퍼듀 캠퍼스에는 약 다섯 종류의 버스가 다닙니다.

· They all take different loops so that passengers can get to all corners of the campus.

　버스 회선이 각각 달라서 캠퍼스 구석구석 어디나 갈 수 있지요.

· The bus courses are designed so that they pass bus stops every 15 minutes, no matter where you are on campus.

　버스 노선은 캠퍼스 어디에서나 15분마다 버스가 정류장에 도착하도록 설계되어 있습니다.

· Purdue students and faculty can show their Purdue IDs and ride the bus free.

　퍼듀 학생들과 교직원들은 퍼듀 신분증을 보여주면 무료로 버스에 탑승할 수 있고요.

· The bus company does not lose money because the university pays the bus company for these services.

　대학에서 서비스비용을 지불하므로 버스회사에도 손해가 되지 않는답니다.

It usually comes at about quarter after four.

about은 전치사이기도 하지만 위와 같이 '대략', '약' 의 의미를 갖는 부사로도 흔히 쓰입니다.

이와 같이 시간을 나타낼 때는 전치사 at을 사용합니다. 하지만 일상대화에서는 전치사를 생략하여 말하는 경우가 허다합니다.

| ex. : It comes about quarter after four. * |

* [섹션 8]에서 비슷한 표현들을 다루었습니다.

본문의 표현을 다르게 표현하면 이렇게 말할 수도 있습니다.

− It gets here at quarter after four. / It arrives at quarter after four.

　버스는 4시 15분에 여기 도착해.

What time is it now?

시간을 물어볼 때도 다음과 같이 약간씩 말투를 달리하여 얼마든지 다양하게 표현할 수 있습니다.

− Could you tell me what time it is, please?　　지금 시간이 몇 시인지 좀 말해 줄 수 있겠어요?

− Do you know what time it is (right now)?　　지금 몇 신 줄 아세요?

− Do you have the time?*　　지금 몇 신 줄 아세요?

* 영어공부를 시작한 지 얼마 되지 않은 이들 중에는 Do you have the time?을 우리말로 직역하여 시간이 있느냐는 말로 잘못 해석하는 이들도 있습니다. 하지만 시간이 있느냐고 물어보려면 Do you have time?이라고 해야 합니다. 정관사를 붙이고 떼는 것이 의미에 이렇게 큰 차이를 내는 것입니다. 본서 1권의 [섹션 13]에서 명사의 의미가 아주 일반적인 경우에는 관사를 붙이지 않는다고 설명드린 것 기억나세요?
관사를 붙이지 않고 time이라고 해야 일반적인 의미의 시간을 나타냅니다. 정관사를 붙이면 (the time이라고 하면) 어떤 실체가 있는 명사를 의미하는 게 되어 시계(clock)를 뜻하게 되는 것이지요.
Do you have the time?은 What time is it?보다는 약간은 세련된 표현이라고 할 수 있습니다. 예를 들어 어린아이들이 자기네끼리 시간을 물을 때는 What time is it? 이라고 하지 Do you have the time? 이라고 하지는 않거든요.

시간을 물어볼 때 쓰는 또 다른 표현으로 **What time do you have?**가 있습니다. "네 시계로 지금 몇 시니?"라는 뜻이지요. 예를 들어 자기 시계의 시간이 정확한지 확인하려고 상대방의 시계가 몇 시를 가리키는지 물어볼 때 더욱 적절한 표현일 것입니다.

Let′s see.

Let′s 는 1권에서 소개되었죠. **Let′s see.**는 말 그대로 뭔가를 함께 ‘보자’고 할 때도 쓸 수 있지만 뭔가를 놓고 ‘함께 생각해 보자’는 의미로도 흔히 쓰입니다.

It′s a little after four.

이 표현은 시간이 15분, 30분하는 식으로 큰 단위로 끊어지지 않고 3, 4분 등 단위가 작은 경우에 유용한 표현입니다. 굳이 일, 이분 단위까지 일일이 숫자를 읽어 주는 대신에 뭉뚱그려서 말하는 경우가 많으니까요.

| ex : It′s just past four.   지금 막 4시가 넘었어 |

| ex. : It′s about four o′ (= of) five.*   지금 약 5시 4분전이야 |

* 몇 시 몇 분 전을 나타내는 전치사로는 till, to, before가 있고, 이와 함께 미국인들의 일상대화에서는 of도 흔히 쓰입니다. It′s four of five.와 같은 표현은 미국인들이 자주 쓰는 말이지만 완전히 구어체라 활자화되는 경우는 드뭅니다.
이 문장에서 o′는 of를 축약한 단어입니다. 정식 단어가 아니라 약식 단어이며 미 북부지역에서 ‘~(시간)이전’의 의미로 쓰는 말입니다. of를 발음할 때 뒤의 f발음은 윗니가 아랫입술에 닿는 것으로 마무리됩니다. 그래서 f발음이 익숙하지 않은 사람에게는 f가 잘 안들리는 거죠. 그리고 of의 f는 빨리 말할 때는 거의 발음하지 않기 때문에 구어체에서는 축약해서 쓰기도 하는 겁니다. 다른 예를 들자면, 만화나 구어체 소설에서는 because를 ′cause로 she must have been을 she must′ve been으로 발음이 나는 대로 축약해서 적는 경우가 많이 있습니다.

Is the bus ever late?

1) 위에서 **ever**는 ‘sometimes’를 의미합니다. **Is the bus late?**에 **ever**를 덧붙이면 일반적으로 일어나는 일은 아니라도 때로 그런 일이 일어나는 경우가 있느냐는 뜻이 되는 겁니다. 비슷한 예들을 보여 드리겠습니다.

| ex. : Do you _ever_ miss the bus?   너 혹시 버스 놓칠 때 있니? |

| ex. : Lisa hardly _ever_ takes the bus.   Lisa는 버스를 타는 적이 거의 없어. |

버스 번호를 읽을 때에는 bus number 5, bus number 16 하는 식으로 번호를 나중에 말하는 것에 유의하십시오.

| ex. : Do you ever take bus number 3?   너 3번 버스 탈 때 있니? |

정관사와 부정관사의 사용

여기서 잠깐 정관사와 부정관사의 사용을 공부합시다. 중고등학교 때에 미국으로 유학을 와서 어느 정도 유창한 영어를 구사하는 학생들도 정확한 관사의 사용에는 매우 난감해 하는 모습을 자주 봅니다. 위의 예문에서 the를 a로 바꾸어서 Lisa hardly ever takes a bus.라고 해도 아무 문제가 없을 것 같지만 말의 어감이 우스워집니다. 반대로 버스가 아니고 taxi에 대해 얘기할 때는 **Lisa hardly ever takes a taxi.**라고 해야지 Lisa hardly ever takes the taxi.라고 하면 마찬가지로 표현이 우스워집니다.

관사의 사용은 정작 사용을 하는 원어민의 입장에서도 설명을 하기가 애매한 경우가 많습니다만 아마도 이 경우에는 버스는 루트가 정해져 있어서 같은 시간에 같은 정류장에 가면 같은 버스를 탈 수 있기 때문에 (미국에서는) the bus라고 하는 게 아닐까 합니다. 택시야 콜을 하건 돌아다니는 택시를 잡건 타는 택시가 정해져 있는 것은 아니니까 the taxi라고 하면 어색하지요.

Is the bus ever late?

2) 위의 표현은 run(버스 등을 운행하다)이나 come을 사용해서 표현할 수도 있습니다.

| ex. : Does the bus run (= come) late sometimes? |

영어를 잘 하는 사람 중에도 be동사를 잘 활용하지 못하는 이들이 의외로 많더군요. 위의 표현을 비교해 볼 때 be동사를 사용한 **Is the bus ever late?**보다 일반동사를 사용한 **Does the bus come late sometimes?**가 더 익숙하게 여겨지나요? (미국인들끼리는 앞의 표현을 더 자주 씁니다.) 그런 경우에 대부분의 사람들이 둘 중에 더 익숙한 표현만을 계속 사용하게 됩니다. 영어로 말을 하고 글을 쓸 때도 우리말에 없는 표현이나 우리 사고와 동떨어진 표현보다는 우리말을 그래도 직역해 놓은 듯한 영어표현이 훨씬 더 쉽게 와 닿고 친숙하게 느껴지는 것이 사실입니다. 하지만 자신의 어휘와 구문의 범위를 확장하려면 익숙하지 않은 문장구조나 표현일지라도 제대로 이해하고 적극적으로 활용하려는 노력이 필요합니다.

학생들을 가르치면서 영어로 작문을 시켜보면 She is come home. 하는 식으로 be 동사를 장식처럼 일반동사 앞에 붙이는 경우를 많이 보았습니다. 이는 틀린 문장이지요. be동사의 뜻과 용례를 제대로 이해하지 못하고 있기 때문에 이런 일이 생깁니다. 본서의 1권을 공부한 여러분들은 이제 동사의 쓰임을 정확하게 이해하고 있으리라 믿습니다. 다음 문장을 보면서 be동사의 쓰임에 대해 좀더 자세히 공부해 보도록 하죠.

I want to be home by five thirty <u>to start making dinner.</u>*

* to start making dinner는 to start to make dinner라고 바꾸어 말해도 같은 표현입니다. start는 동사 like와 마찬가지로 뒤에 동명사나 to부정사가 둘 다 올 수 있기 때문입니다.

Q : 이 문장에서 be동사 대신 go를 쓰면 안 될까요?

1) 지금 이 두 사람은 버스정류장에서 대화를 나누고 있습니다. 그렇기 때문에 이 때 I want to go home by 5:30.라고 하면 어색한 표현이 됩니다. **I want to go home**.은 '집으로 가기 위해 그 장소를 떠나고 싶다' 는 말입니다. <u>버스정류장에 있다는 것은</u> 이미 전에 있던 장소를 떠나 집으로 가고 있는(on the way home) 도중인데 새삼스럽게 I want to go home by 5:30.라고 하면 이상하겠죠.

2) 하지만 대화를 나누는 장소가 예를 들어 사무실이라면 **I want to go home by 5:30**.라고 해도 틀린 표현이 아닐 것입니다. 대신 이렇게 하면 약간의 의미차이가 있습니다. 다섯 시 반까지 집에 도착하고 싶다는 말이 아니라 (그 전이나 늦어도) 5시 반까지는 지금 있는 자리를 뜨고 싶다는 말이 됩니다.

| cf. : I want to go home at 5:30. |

　　　　나 다섯 시 반에 집으로 가야겠다(그 시간에 집을 향해 떠난다는 말).

3) 위의 표현에서 **be**동사는 '존재' 를 나타내며 **by five thirty**(다섯 시 반까지는) 집에 <u>가서 있고 싶다</u>는 말입니다. ([섹션 8]에서도 같은 용례가 나왔었지요. You should be home by ten.)

4) **I want to get home by 5:30**.라고 해도 같은 뜻입니다. 사무실에 앉아서 이렇게 말한다면, 5시 반까지 집에 도착하고 싶다는 말이니 그 이전에 떠나야 한다는 말입니다.

Do you make dinner often?

이와 비슷한 질문을 다양하게 표현해 보면 다음과 같습니다.

– Do you do that a lot?　　너 자주 그러냐?

– Do you always make dinner?　　너 네가 매일 저녁 준비하니?

– Do you like cooking?　　너 요리하는 거 좋아하니?

Yea, I enjoy cooking. (= I like to cook. I like cooking.)

동사 **start**나 **like**와는 달리 **enjoy**는 뒤에 to부정사를 목적어로 취하지 못하며 동명사나 명사를 목적어로 취합니다. 이러한 문법의 규칙들은 사람들의 언어습관을 따라 자연스럽게 생겨난 것일 뿐입니다. 왜 틀리냐고 물으면 사람들이 아무도 그렇게 말하지 않기 때문에 틀린 표현이 된다고 할 수 밖에 없습니다.

그렇기 때문에 마치 어떤 공식을 외우듯이 to부정사를 목적어로 취하는 동사, 그렇지 않은 동사를 구분해서 모아 외는 방법이 효과가 적은 것입니다. 예를 들어 **enjoy**와 같이 명사나 동명사를 목적어로 써야하는 동사를 만난다면 그 단어로 여러 가지 표현을 만들어서 반복하여 읽으며 연습하십시오(아래 참조). 그것이 영어의 감을 잡고 영어표현에 익숙해지는 자연스러운 방법입니다.

| ex. : I enjoy reading. |

| ex. : I enjoy taking a walk. |

| ex. : really enjoy playing with my child. |

| ex. : I enjoy helping others. |

would like to와 같은 표현도 아래와 같이 응용한 문장을 만들어서 연습함으로써 내 표현을 만드십시오.

– I *would like to* swim today. What time does your pool open?

　오늘 수영을 하려고 하는데요. 그 수영장 몇 시에 엽니까? (수영장에 전화해서)

– I *would like to* talk with your mother. Is she home during the day?

　네 어머니와 얘기를 했으면 하는데. 낮에 어머니 집에 계시니?

– I *would like to* finish my drink before we leave.

　나 내가 마시던 음료수는 다 마시고 갔으면 좋겠는걸.

↘ No, thank you.와 관련된 문화적 차이

상대의 감정을 상하게 하지 않으면서 거절하고 싶으면 그냥 "No"라고 하는 대신에 뒤에 **thank you**를 붙여 말하면 공손한 거절이 됩니다. 거절과 관련해서도 미국과 우리나라에는 문화적인 차이가 있습니다. 상대방이 음식을 권했을 때 처음에 몇 번 사양하다 먹는 우리의 미덕이 미국에는 없기 때문에 먹고 싶다면 솔직하게 말해야 합니다. 한 번 정도 다시 확인할 때라도 '예스' 해야지 또 물어볼 줄 알고 거절했다가는 정말 먹고 싶지 않은 줄 알고 다시는 말을 꺼내지 않기 때문에 못 얻어먹기 십상입니다.

미국은 개인주의 문화에 뿌리를 두고 있기 때문에, 정이 많다 못해 넘쳐서 문제가 되기도 하는 문화에서 자란 우리 같은 사람들은 미국사람과의 관계에서 상대방을 오해하기도 쉽고 쓸데없이 상처받기도 쉽습니다.

예를 들어 미국에서는 친구에게 라이드(ride)를 부탁할 때도 기름값을 보태는 것이 기본입니다. 물론 아주 친한 사이거나 상대방에게 호의를 베푸는 경우는 대가를 바라지 않는 경우도 있지만, 일반적으로 상대에게 일정한 시간을 할애하는 일을 부탁할 때는 아무리 친한 사이라고 해도 그 시간에 대한 대가를 지불하는 것이 당연하다고 생각합니다. 상대방의 빼앗긴 시간을 존중해 주며 자기가 한 일에 대해 대가를 받는 것을 전혀 부끄럽게 생각하지 않는 것은 물론입니다. 자신이 한 일이 돈으로 가치 매겨진다고 생각하기보다는 상대방이 자신이 한 수고에 대해 최소한의 대가를 치러 주는 것이라고 생각하면 될 것 같습니다.

문화의 차이에 대해서는 우리 식의 문화만이 옳다고 고집하거나 그네들의 문화가 선진적이라고 편협한 시각을 갖기보다 서로에게서 좋은 점을 배워서 각자의 문화에 도입하는 것이 바람직하지 않을까 합니다. 우리 문화의 장점인 '정'은 자칫 공과 사를 구분하는 데에 장애가 될 때가 많습니다. 친한 사이에 부탁을 하거나 들어 주는 경우에 돈을 주고받는 것을 좋지 않게 여기는 경향은 정과 관련이 있습니다. 여러 복합적인 원인이 있겠지만 '우리 사이에 무슨 이런 걸로 돈을 받나, 우리 사이에 이런 것쯤 그냥 해 줄 수도 있지' 하는 생각이 기저에 깔려 있기 때문에 합법적인 절차를 거치지 않거나 봐 주는 일이 흔하게 되어 급기야 부패가 만연한 사회가 되어버렸는지도 모르니까요.

I´d better go straight home.

이 문장에서는 had better가 쓰였는데, had better와 should 그리고 have to를 한번 비교해 보겠습니다.

had better를 '~하는 게 더 낫겠다'라고 해석하여 가볍게 제안할 때 쓰는 사람들이 있습니다만 **had better**는 should와 호환하여 쓸 수 있는 표현으로 상대에게 충고를 하는 듯한 느낌을 주는 말이라는 것을 유의하셔야 합니다. have to는 이 두 표현보다는 좀 더 강하게 의무를 나타내는 표현입니다.

had better는 다른 기능동사와 마찬가지로 뒤에 오는 동사가 원형부정사꼴로 와야 하며, 바로 뒤에 **not**을 붙여서 부정문을 만들 수 있고 의문문은 **Had you better~?**로 시작합니다.

had better가 의문문에 쓰이는 경우는 흔하지 않기 때문에 들어 볼 기회가 많지는 않을 겁니다. 예를 들어 상대방이 I´d better get home by 5:00. 하고 말했다고 합시다. 그 때 상대방이 한 말을 좀더 분명히 하기 위해서 Had you better get home by 5:00 or 5:30? (너 집에 다섯 시까지 가야하는 거야, 아니면 다섯 시 반까지 가야하는 거야?) 하고 **I´d bette~** 에 대한 응답으로 사용될 수는 있습니다.

It was nice of you to ask.

말 그대로 '상대방이 **ask**해 준 데 대한 감사의 표현'입니다. 사정이 안 되거나 필요가 없게 되어서 상대방의 초청이나 도움의 손길을 (asking하는 것은 정중한 제스처임) 부득이 거절해야 할 때에 하는 말입니다. 우리말로 '말만 들어도 고맙다'고 할 때에 사용해도 적절한 표현이 될 수 있겠지요. **Thank you anyway.**와 비슷한 표현입니다. 이 구문은 [섹션 12]의 [Useful Expressions]의 설명을 참조하기 바랍니다.

I would like to <u>sometime</u>.*

* sometime(언젠가)을 sometimes(때때로)와 혼동하지 마십시오.

위 문장에서 **to**의 용례에 주목하십시오. to에는 반복을 피해 뒤의 부정사구를 생략할 수 있는 기능이 있습니다. **I would like to eat dinner with you sometime.** 하고 앞에서 나온 말을 되풀이하는 대신에 **to**가 뒤의 부정사 구문 전부를 대신하고 있지요? 다음의 예를 보시고 [Let´s Practice]를 따라 연습하십시오.

| ex. : I couldn´t finish the paper last night, but I tried _to_. |

　　　어젯밤에 논문을 못 끝냈어. 그렇지만 그러려고 애는 썼다고.

동사도 이렇게 반복을 피하고 말을 줄일 수 있는 용례가 있죠? 기능동사만이 그런 역할을 할 수 있다는 것을 1권의 [준비운동]에서 보여 드렸습니다.

| ex. : Who broke the window? Jim _did_. |

That would be fun.

조동사 **will**이나 **would**는 가망성(probability)이나 추측(conjecture)을 나타낼 수 있습니다. **That will be fun.**이라고 해도 같은 의미지만 굳이 비교하자면 will을 사용하면 좀더 확신이 들어간 말이 되고 would를 사용하면 그보다는 조금 덜 확신을 갖고 있다는 어감을 주겠지요.

위와 같이 조동사와 **be**동사가 함께 쓰인 문장을 보면 괜히 어렵게 생각하는 이들이 많고 실제로 be동사를 제대로 활용하지 못하는 경향이 있습니다. be 동사는 거의 제일 처음 배운 동사이므로 너무 쉽게 생각해서 건성으로 넘어가기 때문이 아닌가합니다. 그것이 영어실력이 향상되는 것을 막는 주범이라는 것을 기억하십시오. 어떤 단어든지 그 용례를 정확히 이해하고 난 후에 연습을 통해 내 것으로 만들어야 합니다.

잠깐 복습을 해 보면 be는 is, am, are, was, were의 원형부정사 꼴입니다. 조동사의 뒤에 오는 동사는 언제나 원형부정사 꼴로 써야 하므로 "be" 가 쓰인 것입니다. 이 때 조동사는 기능동사로서 동사의 역할을 대신해 줍니다.

그러므로 That is fun.을 미래시제로 바꾸면 That will be fun.이 되는 겁니다. 가정법으로 표현하면 That would be fun.이 되지요.

Ⅰ. 다음은 have to를 should로 바꾸어 말하는 연습입니다. 앞에서도 언급한 것처럼 have to는 should보다 강한 의무감을 느끼게 하는 표현입니다. 문장의 어감이 달라지는 것에 유의하면서 다음 순서에 따라 연습하기 바랍니다.

① 중급 이상의 독자들은 교재를 덮고 테이프만으로 문제를 풀어 볼 것을 권합니다.

② 먼저 테이프에서 나오는 보기를 듣고 따라 하십시오.

③ 그 다음 1번부터 예문과 힌트를 듣고 문장을 완성하여 소리 내어 답합니다.

④ 테이프의 답을 듣고 따라 합니다.

⑤ 아직 듣기가 힘들면 빈칸에 답을 적은 후에 테이프를 따라 소리 내서 연습하십시오.

⑥ 주어진 답은 제일 나중에 확인하십시오.

ex.) We have to go back to the house.

→ *We should go back to the house.*

1. I have to stay here.

→ ______________________________________

2. We have to wait for him.

→ ______________________________________

3. You have to call the doctor.

→ ____

4. You have to catch the bus.

→ ____

5. They have to go home.

→ ____

6. She has to hurry.

→ ____

7. You have to be careful.

→ ____

II. 다음은 to 이하 부정사구를 생략하여 앞에 나온 말의 반복을 피하는 연습입니다.

① 중급 이상의 독자들은 교재를 덮고 테이프만으로 문제를 풀어 볼 것을 권합니다.
② 먼저 테이프에서 나오는 보기를 듣고 따라 하십시오.
③ 그 다음 1번부터 예문과 힌트를 듣고 문장을 완성하여 소리 내어 답합니다.
④ 테이프의 답을 듣고 따라 합니다.
⑤ 아직 듣기가 힘들면 빈칸에 답을 적은 후에 테이프를 따라 소리 내서 연습하십시오.
⑥ 주어진 답은 제일 나중에 확인하십시오.

> ex.) I went to the mall today, but I didn´t want to go to
> the mall today.
> → *I went to the mall today, but I didn´t want to.*

1. I went, but I didn´t want to go.

→ ____

2. I did my homework because Mom said I had to do my homework.

→ ____

3. I´m only going because I have to go.

→ ____

4. We weren´t planning to go to the ATM, but we needed to go to the ATM.

→ ____

5. I am doing this paperwork now because I need to do this paperwork now.

→ ____

6. He wasn't going to come with us, but then he decided to come with us.

→ ____

7. I wasn't going to do my homework tonight, but then I decided to do my homework tonight.

→ ____

1. I went, but I didn't want to. | 2. I did my homework because Mom said I had to. | 3. I'm only going because I have to. | 4. We weren't planning to go to the ATM, but we needed to (go). | 5. I am doing this paperwork now because I need to (do it). | 6. He wasn't going to come with us, but then he decided to (come). | 7. I wasn't going to do my homework tonight, but then I decided to do (do).

to부정사구의 용례

이 부록에서는 지금까지 잠깐씩 다뤘던 to부정사구에 대해 자세히 살펴보고 그와 관련된 몇 가지 기본적인 용례를 정리해 보도록 하겠습니다.

문장에서 to부정사구는 그 역할에 따라 명사나 형용사 혹은 부사 용법으로 구분될 수 있습니다. 그리고 형용사의 성질에 따라서 그 용례가 달라지는 to부정사 표현들이 있습니다. 형용사와 to부정사의 관계를 알면 문장구조를 훨씬 수월하게 파악할 수 있습니다.

이렇게 to부정사구의 용례를 정리해 놓은 것은 여러분이 그 개념을 확실하게 잡을 수 있도록 돕기 위해서입니다. 여러 번 강조하지만 알기만 하고 실천하지 않으면 실력은 늘지 않습니다. 앞으로 to부정사구가 쓰인 문장을 접할 때마다 반복연습을 통해 문장구조를 여러분의 것으로 만드시기 바랍니다.

I. to부정사구의 기본적인 역할

1. 명사의 역할을 하는 경우

명사는 문장 안에서 '주어' 나 '보어' 혹은 '목적어' 역할을 할 수 있습니다. 마찬가지로 to부정사구도 문장 안에서 주어나 보어, 목적어 역할을 할 수 있습니다.

| ex. : _To love_ is _to live_.　　사랑은 삶이다. |

'사랑하지 않는다면 그건 살아있는 게 아니다' 라는 말이지요. (If you don´t love, you are not really living.) 하지만 위와 같이 주어가 to 부정사로 시작되는 말은 달력 같은 데에나 써 있는 표현이지 일반적인 글이나 대화에서는 거의 쓰이지 않는 말투입니다.

to부정사로 문장을 시작하면, 문장이 완성되지 않은 것 같은 느낌을 줍니다. 예를 들면 _To make a_ *mistake* is easy.는 문장이 정리되지 않은 느낌을 줍니다. 형식적으로 **it**을 주어자리에 넣고 부정사구를 맨 뒤로 빼는 것이 문체가 정리된 느낌을 줍니다. 흔히 쓰이는 기본적인 구문 중 하나지요. **It** is easy *to make a mistake*. 하고 말이지요.

- My plan is *to take a break* at 3 o'clock.　　내 계획은 세시에 휴식시간을 갖는 거야.
- I like *to go hiking*.　　난 하이킹 하는 거 좋아해.

2. 형용사 역할을 하는 경우

to부정사는 뒤에서 명사를 수식하는 형용사 역할을 하기도 합니다.

- I need something *to drink*　　뭔가 마실 것이 필요해.
- It's time *to go to bed*.　　이제 자러 들어갈 시간이다.

3. 부사 역할을 하는 경우

부사 용법은 to부정사구의 의미에 따라 원인, 조건, 결과, 목적 등을 나타냅니다.

- The grapes are still good *to eat*.　　이 포도 아직 먹을 만해. (형용사 good 수식)
- He is old enough *to go to school*.　　얘가 학교에 갈 나이가 됐어. (부사 enough 수식)
- Are you ready *to leave*?　　너 떠날 준비되었니? (형용사 ready 수식)

- My mom came *to visit us*.　　우리 엄마가 우릴 보러 오셨어. (목적)
- I'm so sorry *to hear that*.　　얘기 들으니까 마음이 정말 아프다. (원인)
- He lived *to be 90*.　　그분은 아흔 세까지 사셨어. (결과)
- *To be frank with you*＊, I think your child is rude.

  솔직히 말해서 당신 아이 좀 무례한 거 같아요.

  ＊이런 경우는 '독립부사구'라고 하는 거죠.

Ⅱ. 형용사의 성질에 따른 to부정사구의 용례

흔히 쓰이는 유형을 예로 들어 설명해 보죠.

A. It′s easy (for me) to make pancakes.

    a : Pancakes are easy to make.

    b : To make pancakes is easy.

    c : It′s easy (for me) to make pancakes.

1) 문장 a의 주어 pancakes는 문법적으로 to부정사구의 목적어가 됩니다.

2) a 문장은 b 문장으로 변형이 가능하지만 앞에서 언급했듯이 to부정사구로 문장을 시작하면 문장이 미완성된 느낌을 주므로 형식적인 주어 **it**을 사용하여 문장 c의 형태로 바꿀 수 있습니다.

3) 그러므로 c의 문장구조에서는 <u>to부정사구가 문법적인 주어</u>입니다. to부정사구가 형용사 easy의 진짜 주어고 **it**은 형식적으로 앞에서 주어자리를 메워 주는 것뿐입니다.

4) 이 때 <u>to부정사구의 의미상의 주어</u>를 말하고 싶으면 to부정사 앞에 전치사 **for**와 함께 쓰면 됩니다(ex. : for me). 전체 문장의 주어는 to부정사구지만 이 to부정사구의 주체가 되는 것은 〈for + 명사 (혹은 대명사의 목적격)〉라는 말입니다.

5) 예를 들어 **It′s difficult to figure out this problem**. (그 문제는 풀기 어려워) 하고 말하면 그 문제가 누구에게나 어렵다는 말이지만 **for me**를 to부정사구 앞에 첨가하면 나한테는 그 문제가 어렵다는 (It′s difficult for me to figure out this problem.) 말이 되는 겁니다.

6) 이 구문도 **This problem is difficult to figure out**.으로 바꿀 수 있습니다.

B. It was nice of you to ask.

1) 위 구문을 〈**It~ for~ to~**〉 구문과 혼동하는 사람들이 많습니다. 영어참고서를 보면 이 문장을 It~ for~ to~ 구문과 비교해서 간단하게 소개한 경우가 많기 때문인 듯합니다. 대부분의 영어교재

에는 '앞에 나오는 형용사가 성질, 품성 등을 나타내는 경우는 **for** 대신 **of**를 쓴다' 라고만 딸랑 적혀 있는 경우가 대부분이니까요.

2) 형용사의 종류에 따라 그런 식으로 구문이 달라지는 것은 사실이지만 <u>**It~ for~ to~** 와 **It~ of~ to~** 는 구조가 전혀 다른 구문</u>이라는 것을 알고 있어야 합니다. 구문을 정확히 이해하고 있어야 응용이 가능하며 응용할 수 있는 실력이 진짜 실력인 것입니다.

3) It~ for~ to~ 구문은 to부정사구가 문장에서 문법적인 주어이고 〈for + 명사〉가 to부정사구의 의미상의 주어가 되지만,

4) **It was nice of you to <u>ask</u>** *.에서는 to부정사구가 문장의 주어가 아닙니다.

* 영어에서 tell과 ask는 주어의 태도가 어떠한지 그 차이를 나타냅니다. 문장 두 개를 예로 들어 설명해 봅시다.
  - He told me to leave. (그 사람이 나보고 가라고 했어요.) - He asked me to leave. (그 사람이 자리를 좀 비켜달라고 부탁했어요.) 앞의 문장은 나보고 가라고 명령조로 말한 것이지만 ask를 사용하면 내게 정중하게 자리를 비켜달라고 요청한 것입니다.

5) 위 구문과 같은 문장유형의 구조를 살펴봅시다.

1a : He is so rude to talk to you like that.

1b : It's so rude (of him) to talk to you like that.

(그 사람) 너무 무례하다. 너한테 (어떻게) 그렇게 얘기하니.

2a : She is so nice to buy me a ticket.   나한테 티켓을 사 주다니 그녀는 참 친절해.

2b : It's nice (of her) to save me a seat.

　　그 여자분 참 친절하네. 내 자리까지 맡아 주고 말이야.

6) 이 구문에서 쓰이는 형용사는 대개 사람의 자질이나 품성 등을 나타내며 <u>문장의 주어</u>는 (to부정사구가 아니라) 언제나 생물입니다. 이때 〈of + 생물 주어〉 는 1b와 2b에서처럼 생략될 수 있습니다.

7) 또한 **It~ for~ to~** 구문에서 to부정사구는 문장에서의 주어이므로 <u>명사 역할</u>을 하지만 이 구문에서 to 부정사구는 <u>부사 역할</u>을 하고 있습니다. **He's so rude** 하면 문장은 완성이 되었죠? 거기에 **to talk to you like that** (그렇게 말하다니) 하고 부가해서 말하는 겁니다. 일반 문법책에서 부사적 용법 중 '이유판단의 근거' 로 구분하는 역할입니다.

C. I'm glad to hear that.

1) 이 구조로 쓰이는 형용사는 대개 감정이나 정신적인 상태를 나타내는 것들입니다.
2) 이 유형은 앞의 두 유형과는 달리 단어의 순서를 바꾸어 문장을 변형하는 것이 불가능합니다.
– I'm sorry to hear that.　　그 소식을 들으니 유감스럽구나.
– I'm glad to meet you.　　만나서 반갑습니다.
– You are more than welcome to use my car.　　너 얼마든지 내 차 써도 돼.

D. They are certain to need your help.
　　It is certain that they need your help.　　걔네들 분명히 네 도움이 필요해.

1) 형용사와 to부정사로 된 유형 중 위 구문은 소수의 형용사에 한정되어 쓰이는 유형입니다.
2) 이 유형에는 **likely, sure** 등 몇 개 안 되는 소수의 형용사가 쓰입니다. **that**절을 이용해 변형한 두 번째 문장은 문어체에서나 주로 쓰이는 어투입니다.

E. He is always the first to come.　　그 사람은 늘 제일 먼저 와.

1) 이 유형은 서수나 **the next / the last** 뒤에 to부정사가 오는 형태입니다.

Let's Practice II

Ⅰ. 다음은 앞에서 공부한 내용을 바탕으로 문장의 유형을 변형하는 연습입니다.

① 중급 이상의 독자들은 교재를 덮고 테이프만으로 문제를 풀어 볼 것을 권합니다.

② 먼저 테이프에서 나오는 보기를 듣고 따라 하십시오.

③ 그 다음 1번부터 예문과 힌트를 듣고 문장을 완성하여 소리 내어 답합니다.

④ 테이프의 답을 듣고 따라 합니다.

⑤ 아직 듣기가 힘들면 빈칸에 답을 적은 후에 테이프를 따라 소리 내서 연습하십시오.

⑥ 주어진 답은 제일 나중에 확인하십시오.

> ex.) You were nice to ask.
>
> → *It was nice of you to ask.*

1. You are thoughtful to volunteer your time.

→ _______________________________________

2. You are rude to talk that way.

→ _______________________________________

3. You were clever to break the code.

→ _______________________________________

4. She was wise to stay home last night.

→ _______________________________________

5. You were polite to open the door for her.

→ _______________________________________

II. 계속해서 앞에서 공부한 내용을 바탕으로 문장의 유형을 변형하는 연습입니다.

① 중급 이상의 독자들은 교재를 덮고 테이프만으로 문제를 풀어 볼 것을 권합니다.

② 먼저 테이프에서 나오는 보기를 듣고 따라 하십시오.

③ 그 다음 1번부터 예문과 힌트를 듣고 문장을 완성하여 소리 내어 답합니다.

④ 테이프의 답을 듣고 따라 합니다.

⑤ 아직 듣기가 힘들면 빈칸에 답을 적은 후에 테이프를 따라 소리 내서 연습하십시오.

⑥ 주어진 답은 제일 나중에 확인하십시오.

---

ex.) make pancakes - easy

→ *It's easy to make pancakes.*

---

1. make new friends - exciting

→ _______________________________________

2. make new friends - difficult

→ _______________________________________

3. fix my car - impossible

→ _______________________________________

4. go outside in this neighborhood - safe

→ _______________________________________

5. know the right answer - hard

→ _______________________________________

6. cross the street without looking both ways - dangerous

→ _______________________________________

She will drive to the west coast to visit friends.

그녀는 직접 운전해서 친구들을 방문하러 서해안으로 갈 겁니다.

Conversation

다음 conversation의 내용을 먼저 듣고 따라 한 후, 본문을 보시기 바랍니다.

Jenny is a senior in college. She is a biology student.

제니는 대학 4학년입니다. 생물학이 전공이고요.

She is also working at the bookstore to make some extra money (= cash).

용돈을 벌려고 서점에서 일도 한답니다.

Right now she is busy studying for her finals (= final exams).

지금은 기말시험 준비로 공부를 하느라고 바쁩니다.

She started studying a week ago.

그녀는 일주일 전에 시험공부를 시작했습니다.

154

She is (such) a good student.

(아주) 모범적인 학생이지요.

She's only nineteen years old, and she is already a senior in college.

그녀는 19살밖에 되지 않았는데 이미 대학 4학년입니다.

That's impressive!

정말 대단하지요!

Jenny is a hard working student.

제니는 매우 부지런한 학생입니다.

She goes to class, studies, sees her friends, and works to top it off!

수업 받고 공부하고 친구들을 만나는 와중에 거기다가 아르바이트까지 하니까요.

The month after next is summer break.

다다음달은 여름 방학이에요.

She will drive to the west coast to visit friends.

그녀는 직접 운전해서 친구들을 방문하러 서해안으로 갈 거랍니다.

(During the break) Jenny will stay in California for about two weeks.

(휴가 동안) 제니는 두 주 정도 캘리포니아에서 머물 거예요.

She loves the weather there and finds the people friendly and interesting.

그녀는 그쪽 날씨를 매우 좋아하고 그쪽 사람들이 친절하고 재미있다고 생각한답니다.

She will come back to school three days before classes start (= begin) again.

그녀는 개강하기 3일전에 학교로 돌아올 거예요.

Jenny goes to visit California often. She wants to live there someday.

제니는 캘리포니아를 자주 방문합니다. 언젠가는 그 곳에서 살기를 원하고 있어요.

She will probably find a biology job (= position) in California when she graduates.

졸업하면 아마도 캘리포니아에서 생물학계통 직업을 잡을 겁니다.

Jenny is a senior in college.

섹션이 높아질수록 다양한 전치사를 접하게 됩니다. 전치사가 나올 때마다 어떤 명사에 어떤 전치사가 쓰이는지 눈여겨보면서 올바른 용례를 익히기 바랍니다.

본문에 나온 위 표현과 Jenny is a student at Purdue.라는 두 문장을 비교해 보십시오. college 앞에는 in을 학교 이름 앞에는 at을 쓰고 있지요. 전치사 in과 at을 비교하면서 넓은 장소에는 in을 쓰며 좁은 장소에는 at을 쓴다고 설명하기도 하지만 그 기준에 꼭 들어맞지 않는 경우도 많습니다.

단어 자체의 의미대로 **in**(~의 안에, 속에)을 써야 하는 느낌이 들 때 **in**을 쓰고, 어떤 위치나 장소를 지적하여 말하는 느낌을 줄 때는 **at**을 쓴다고 생각하면 좀더 가까울 것입니다. 그런 감각은 전치사가 올바로 쓰인 문장들을 자주 접하고 사용하다 보면 자연스럽게 익힐 수 있습니다. [섹션 10]에서 설명했던 in Ohio와 at Ohio의 예를 기억하나요? 위의 예를 보아도 I'm a student in Purdue.(X)라고 실수하는 이들이 많이 있는데 특정한 대학이 아닌 대학시스템을 나타내는 **college**(무관사로 쓰였으므로) 앞에는 전치사 in을 쓰지만 학교 이름을 지적하여 말할 때는 **at**을 사용해야 합니다.

She is working at (= in) the bookstore.

이 경우에는 전치사 at을 in으로 교체해도 무방합니다.

위의 표현은 진행형을 쓰지 않고 단순현재로 (She works at the bookstore.) 써도 같은 의미가 전달됩니다. 본서 1권의 [섹션 12]에서 진행형은 '지금 이 순간 진행중인 동작이나 활동' 을 표현하기도 하지만 '보다 장기간 동안 진행중인 일' 에도 쓰인다고 한 것을 기억하지요? 이런 경우의 진행시제는 <u>어떤 일정한 시간의 한도 내에서 진행되고 있는 일을 얘기할 때에</u> 많이 쓰입니다. 예를 들어서 유학을 가기 전까지 어디에서 일하고 있다는 등의 이야기를 할 때 말이죠.

to make some extra money

미국문화에서 월급을 얼마나 받느냐는 질문은 나이, 몸무게, 결혼여부에 대한 질문과 함께 매우 사적인 질문으로 간주됩니다. 그런 질문을 해도 괜찮은 적절한 상황에 있을 때나 친한 친구에게는 다음과 같이 물어도 되겠지만요.

| ex. : How much money do you earn (= make) each year? |

| ex. : How much do you make (= earn)? |

| ex. : How much do you get?* |

* 대화의 맥락상 당연히 월급액수를 묻는 것임을 알 수 있을 때는 이와 같이 물어도 되겠습니다.

대부분 부모에게 경제적으로 의존하고 있는 우리나라 대학생들과는 달리 미국에서는 고교를 졸업하면 재정적으로도 부모에게서 독립하는 것이 일반적입니다. 여유가 있는 부모는 여전히 자녀의 학비를 대고 생활비까지 도와주기도 합니다만 보통은 고교를 졸업하면 집을 나오고 재정적으로도 부모에게서 독립하는 것이 당연하게 받아들여지는 문화입니다. 독립심 양성을 굉장히 중요하게 생각하기 때문에 부모와 함께 계속 지내는 경우는 방세와 식사비를 냅니다. 그리고 고교를 졸업하는 자녀에게 이제 집을 나가 혼자 힘으로 살아보라고 말하는 부모도 많습니다. 그런 미국 대학생들에게 **extra cash**(= money)는 집세나 의복 구입비, 학비 등에 큰 보탬이 되지요.

She's busy studying.
She started studying a week ago.

현재분사와 동명사에 대한 설명은 이 섹션 뒤에 이어지는 [Useful Expressions]를 참조하기 바랍니다.

ago와 before

ago는 이 단어 단독으로는 쓰이지 않고 시간이나 기간을 나타내는 말과 함께 쓰이며 현재를 기점으로 해서 그 이전을 나타내는 표현입니다. 그러므로 ago가 있는 문장의 시제는 언제나 과거가 되어야 하지요.

| ex. : John sprained his ankle _two weeks ago_.　　John 두 주 전에 발목을 삐었어. |

반면에 **before**는 시간이나 기간을 나타내는 말과 함께 쓰일 때 '과거의 어느 때를 기점' 으로 해서 그 이전을 나타냅니다. 이와 같은 용례로 before가 쓰인 문장의 시제는 과거완료가 쓰입니다.

| ex. : He had sprained the same ankle _three months before_. |
　　　개 그보다 석 달 전에도 같은 발목을 삐었었다고.

before는 아래와 같이 단독으로도 쓰일 수 있습니다. 이 때에는 문맥에 따라 현재를 기점으로 그 이전을 나타내기도 하고 (과거시제와 함께 쓰임) 과거를 기점으로 그 이전을 나타내기도 (과거완료시제와 함께 쓰임) 합니다.

| ex. : I _had never seen_ that sweater before.*　　난 그 스웨터 그 전에는 한번도 본 적이 없어. |

＊완료시제는 [섹션 14]에서 본격적으로 다루어집니다.

| ex. : _Did_ you two know each other before?　　너희 둘이 전부터 아는 사이니? |

She´s only nineteen years old, and she is already a senior in college.

She is 19 years old.와 비슷한 문장구조를 보십시오.

– I am five feet eight (inches tall).　　난 키가 5피트 8인치야.

– The ruler is 12 inches long.　　이 자는 길이가 12인치야.

부사(only와 already)의 위치에 관해서는 [섹션 17] 뒤의 [Useful Expressions] '부사상당어구' 를 참조하기 바랍니다.

Jenny is a hard working student.

hard-working이라는 표현은 미국에서 아주 흔히 쓰이는 표현입니다. 공부를 열심히 하는 학생을 여러 가지로 다르게 표현해 보면 다음과 같습니다.

– She is a very responsible student.　그녀는 아주 책임감이 있는 학생이에요.

– She is a dedicated student.　그녀는 성실한 학생이에요.

– She is very serious about her grades.

그녀는 자기 학점관리를 아주 중요하게 생각한답니다.

– She takes school seriously and wants to do well.

그녀는 학교공부를 중요하게 생각하고 잘하고 싶어해요.

She goes to class, studies, sees her friends, and works to top it off!

to top it off는 **on top of everything**(거기다가 또), **in addition to~**(~에다가 또)와 같은 뜻으로 아주 자주 쓰이는 표현은 아니지만 종종 들을 수 있는 표현입니다.

| ex. : I got a flat tire, was late to class, and *to top it off* we had a pop quiz. |

　　나 차가 펑크 나서 수업에 늦었거든. 근데 거기다가 갑자기 퀴즈를 보지 뭐냐.

The month after next is summer break.

다다음주, 지지난주 등의 표현을 영어로는 어떻게 할까요?

the day before yesterday　엊그제	the day after tomorrow　내일모레
the week before last　지지난주	the week after next　다다음주
the month before last　지지난달	the month after next　다다음달
the year before last　재작년	the year after next　내후년

일반적으로 **vacation**은 긴 **break**를 의미합니다. 예를 들어 3일 휴가(a 3-day break)를 a vacation이라고 부르지는 않는다는 거지요. 하지만 반대로 여름방학(summer vacation) 전체를 break라고 하기는 합니다. (학기 중에 있는 휴일에는 fall break, Thanksgiving break, Christmas break, spring break 등이 있습니다.)

during the break for about two weeks

위의 during과 for는 우리말로는 둘 다 (~동안)으로 번역되기 때문에 어떤 경우에 for를 쓰고 어떤 경우에 during을 써야 하는지 혼동하는 사람들이 있습니다.

1) 본문에서 쓰인 예처럼 **for**가 '~동안'을 의미할 때에, **two weeks**와 같이 숫자로 된 단위 앞에서는 언제나 **for**를 씁니다.

2) 하지만 during my two-week vacation (두 주간의 내 휴가기간 동안에는)과 같이 어떤 특정한 기간을 가리킬 경우에는 **during**을 사용하는 것이 일반적입니다.

3) **for**는 또한 '~(어느 특정한 기간)을 지내기 위해'라는 의미로 흔히 쓰입니다. 이 경우에는 (~동안)의 의미로 **during**과 대체해도 무난합니다. 다음의 예를 보십시오.

| ex. : What are you doing for (or during) the summer? |

　　　넌 이번 여름에 뭐하면서 지낼 거야?

| ex. : I'm going home for (or during) the Christmas holidays. |

　　　난 크리스마스 휴가에 집에 가서 있으려고 그래.

She finds the people friendly and interesting.

위 구문은 흔히 쓰이는 표현임에도 많은 사람들이 어렵게 여겨 잘 활용하지 못합니다. find를 '~를 찾아내다'라고 해석하면 위의 구문이 어색하게 느껴질 수밖에 없겠지요. 위와 같이 〈find + 목적어 A + 목적격보어 B〉로 이루어진 구문에서 find의 뜻은 'A가 B 하다고 여기다, A를 B라고 생각하다'라고 해석하면 됩니다. 익숙한 표현만 쓰면 한정된 어휘와 구문만 반복하게 되어 자신의 표현영역을 그 이상으로 확장시킬 수 없습니다. 이렇게 구문 하나하나씩 표현영역이 확장될 때 영어실력이 쌓입니다.

Jenny goes to visit California often. She wants to live there someday.

often의 't'는 대부분 발음하지 않지만 격을 차려 말하는 사람은 발음을 하기도 합니다. **someday**는 미래의 어느 날을 의미하고 **one day**는 과거의 어느 날을 언급할 때 사용합니다.

↘ 일시적인 때를 나타내는 부사절

본권 [섹션 7]에서 소개한 until로 이끄는 부사절에 이어서 부사절에 대한 설명을 계속하도록 하겠습니다. 부사절이란 주된 문장 안에서 부사의 역할을 하고 있는 또 하나의 문장을 말합니다. 아래 예문에서 밑줄 친 부분이 일시적인 때를 나타내는 부사절입니다. 일시적인 때를 나타내는 부사절이나 조건을 나타내는 부사절에서는 현재시제나 현재완료시제가 미래를 나타냅니다. 우리말에서도 '~한다면, ~할 때' 하고 때나 조건을 나타내는 부사절에서는 미래를 나타낼 때, 미래시제를 쓰지 않고 현재시제를 쓰는 것을 알 수 있습니다. 영어에서도 마찬가지로 현재시제를 쓰는 것이 더 자연스럽게 느껴집니다.

| ex. : She will come back to school *three days before classes start again*. |
| ex. : Shell finds a biology job in California *when she graduates*. |

다른 학문을 공부할 때처럼 원인과 이유를 따져 가면서 영어공부를 하는 것은 그다지 바람직한 공부 방법이 아닙니다. 영어공부를 하다 보면 '왜 이런 표현은 틀리고 이런 표현이 맞을까' 하는 의문이 들기 쉽습니다. 그렇지만 많은 경우 그 의문에 대한 답은 단순하기 짝이 없습니다. '그 나라 사람들이 모두 이렇게 쓰니까.' 영어공부는 언어를 습득하는 훈련이므로 다른 학문을 할 때와는 다른 방법으로 접근해야 합니다. 재차 강조하지만 머리는 물론이고 혀가 기억을 할 때까지 끊임없는 노력으로 표현 하나하나를 전부 내 것으로 만들어야 합니다.

현재시제를 원형과 착각하여 '현재시제'를 써야 할 때 동사의 '원형부정사꼴'을 쓰는 학생들을 자주 봅니다. 주어가 본문에서와 같이 3인칭단수 현재시제인 경우는 동사를 그에 알맞게 변형하는 것을 잊지 말아야 합니다. 현재시제를 정확히 사용하는 습관이 밸 때까지는 별도로 주의를 기울여야 실수를 피할 수 있습니다.

She'll probably find a biology job.

위와 같이 어떤 전공 계통의 직업을 표현할 때 구어체에서는 **a chemistry job, an engineering job** 등으로 표현할 수 있습니다. 하지만 어떤 전공이나 그렇게 표현할 수 있는 것은 아닙니다. 예를 들어서 education 계통의 일은 education job이라고는 하지 않으므로 약간 말을 바꿔서 **a job in education**이나 **a teacher job** (직접 가르치는 직업이라면) 등으로 표현하는 것이 옳습니다.

↘ probably와 maybe

우리말 번역만을 보면 두 단어가 마치 같은 뜻을 가진 것처럼 느껴질 가능성이 있으므로 의미를 확실하게 지적하고 넘어가야겠습니다. 둘 다 '아마도' 라고 번역이 될 수 있지만 maybe는 가능성이 50:50인 '아마' 를 의미하는 부사인 반면, probably는 80% 정도의 확실성이 큰 가능성을 뜻하기 때문입니다. probably는 **most likely**나 **almost certainly**로 대치해서 사용할 수도 있습니다.

우리말의 뜻을 분명하게 알면 영어를 하는 데에도 크게 도움이 됩니다. 우리말의 '아마도' 는 엄격히 말해서 맥락과 어감에 따라 maybe와 probably 둘 다를 의미할 수 있습니다. 다음의 두 문장을 보십시오.

a. 그 사람 아마 늦을지도 몰라.
b. 그 사람 아마 거기서 죽을 때까지 살 거야.

이 두 문장에서의 '아마' 는 경우에 따라 가능성이 반반인 **maybe**를 의미할 수도 있지만 가능성이 매우 큰 **probably**를 뜻할 수도 있습니다. 외국어로 영어를 공부하는 사람이 영어식 사고방식을 가지려면 무의식적으로 우리말을 그냥 내뱉을 때와는 달리 내가 정말 표현(전달)하고자 하는 의미가 무엇인지를 깨달아야 합니다.

I. 다음은 과거시제를 미래시제로 변형하는 연습입니다. 예를 들어 last는 next로, yesterday는 tomorrow로 바뀌는 것과 같이 시제가 바뀜에 따라 시간의 부사도 함께 미래로 바꾸어 말하는 연습을 해 봅시다.

① 중급 이상의 독자들은 교재를 덮고 테이프만으로 문제를 풀어 볼 것을 권합니다.

② 먼저 테이프에서 나오는 보기를 듣고 따라 하십시오.

③ 그 다음 1번부터 문장을 듣고 문장을 완성하여 소리 내어 답합니다.

④ 테이프의 답을 듣고 따라 합니다.

⑤ 아직 듣기가 힘들면 빈칸에 답을 적은 후에 테이프를 따라 소리 내서 연습하십시오.

⑥ 주어진 답은 제일 나중에 확인하십시오.

---

ex.) He went to Korea last year.

→ *He will go to Korea next year.*

---

1. He went to New York last week.

→ ______________________________

2. My neighbor went to the country yesterday.

→ ______________________________

3. I went to Europe the year before last.

→ ______________________________________

4. We went to Chicago last month.

→ ______________________________________

5. She went to Georgia last year.

→ ______________________________________

6. They went to the grocery store <u>the day before last</u>*.

→ ______________________________________

* 정식은 the day before yesterday(그저께)라고 해야 하는데 미국 구어체에서는 the day before last도 흔히 사용됩니다.

 다음은 부사 too(또한, 역시)를 사용하여 표현하는 연습입니다. 아래의 예문들이 어제도 일어 난 일이라고 가정하고 대답을 하십시오.

> ex.) He is washing the dishes.
>   → *He washed them yesterday, too.*

1. She is calling her friend.

→ ______________________________

2. He is calling now.

→ ______________________________

3. It is raining now.

→ ______________________________

4. She is talking to her boss.

→ ______________________________

5. They are hurrying to work.

→ ______________________________

1. She called yesterday, too. | 2. He called yesterday, too. | 3. It rained yesterday, too. | 4. She talked to him yesterday, too. | 5. They hurried to work yesterday, too.

Ⅲ. 다음은 시제를 알맞게 바꾸어 문장을 완성하는 연습입니다. 힌트를 듣고 형태를 변형시켜 문장을 완성하십시오.

① 1번부터 문장을 완성하여 소리 내어 답하십시오.
② 테이프의 답을 듣고 따라 합니다.
③ 주어진 답은 제일 나중에 확인하십시오.

1. I won't go to class unless I (   ) my homework.   Hint) finish

→ ____

2. We can't leave until he (   ) the car back.   Hint) bring

→ ____

3. She will come home after the meeting (   ) finished.   Hint) be

→ ____

4. He can wear big boy underwear when he (   ) potty-trained.   Hint) be

→ ____

5. I'll put him to bed when you (   ) reading him a story. *   Hint) finish

→ ____

* 잠자리에 들 때는 잠옷을 입는데, 영어로 바지 잠옷을 pajamas라고 합니다. 바지와 마찬가지로 복수취급을 합니다. 미국에서는 잠옷을 jimmies나 PJs라는 약칭으로 많이 부릅니다.
| ex. : Get your jimmies on.   잠옷 입어. |
| ex. : Did you put on your PJs?   너 잠옷 입었니? |

6. Don´t forget to lock the door before you (   ) out.   Hint) go

→ ____

1. I won´t go to class unless I finish my homework. | 2. We can´t leave until he brings the car back. |
3. She will come home after the meeting is finished. | 4. He can wear big boy underwear when he is potty-trained. |
5. I´ll put him to bed when you finish reading him a story. | 6. Don´t forget to lock the door before you go out.

본서 1권 [준비운동]에 나온 현재분사와 동명사에 대한 설명을 읽지 않았다면 그 부분을 읽고 난 후 진도를 나가기 바랍니다.

I. 현재분사 / 과거분사

현재분사와 동명사는 형태는 똑같지만 역할은 판이하게 다릅니다. 문장에서 형용사 역할을 하면 현재분사고 명사의 역할을 하면 동명사인거죠. 하지만 ~ing 형태가 현재분사인지 동명사인지를 따지는 것은 그다지 중요하지 않습니다. 중요한 것은 현재분사와 동명사를 제대로 사용할 줄 아는 것이며 읽거나 듣고 나서 의미를 제대로 파악하는 것입니다. 그러기 위해서는 동명사와 현재분사의 다양한 용례를 익혀야 합니다.

여기서는 분사와 동명사의 몇 가지 기본적인 용례를 정리해 보여드리겠습니다. 일단 분사부터 살펴보겠습니다.

1. 오래전부터 영어참고서에서나 심지어 학교선생님들조차 '무생물에는 현재분사를 쓰고 생물에는 과거분사를 써야 한다' 라고 잘못 가르친 경우가 많았습니다. 혹시 지금까지 잘못 알고 있었다면 다음의 예문과 설명을 보면서 분사의 개념을 다시 이해하기 바랍니다.

| ex. : His class is _boring_.　　그분 수업은 지루해. |
| ex. : I'm _bored_ to tears.　　나 지루해 죽겠어. |
| ex. : He is so _boring_.　　그 사람은 너무 재미가 없어. |
| ex. : I'm not _interested_.　　전 관심 없는데요. |

세 번째 문장은 주어가 생물이지만 현재분사를 쓰고 있습니다. 동사 **bore**의 의미는 '~를 지루하게 하다' 이고 **interest**는 동사로 '~에게 흥미를 주다' 라는 뜻입니다. 여기에 ~ing가 붙으면 **boring**(~를 지루하게 하는), **interesting**(~를 흥미롭게 하는)이라는 능동적인 의미의 형용사가 되

는 거죠.

반대로 과거분사형으로 바뀌면 **bored**(지루한), **interested**(흥미가 있는) 라는 피동적인 의미의 형용사가 되는 겁니다. 사람이라도 남에게 흥미를 줄 수도 있고 남을 지루하게 할 수도 있으므로 이 경우에는 현재분사와 과거분사 모두 사용하는 데에 문제가 없지요.

2. 현재분사는 능동적인 의미를 지니고 과거분사는 수동적인 의미를 지닌다는 것은 분사의 수식을 받거나 분사를 보어로 취하는 단어의 입장에서 그렇다는 겁니다. 그 연관관계를 보면서 이해를 해야지 무조건 '생물에는 과거분사, 무생물에는 현재분사를 쓴다' 라고 외우는 것은 옳지 않습니다.

3. 문장에서 형용사 역할을 하는 분사는 서술적으로 쓰이기도 하고 명사를 꾸며 한정적으로 쓰이기도 합니다.

- It is very _interesting_.
- It´s an _interesting_ book.
- There is _broken_ glass on the sidewalk.
- I´m _interested_.

위의 문장에서 '책' 은 사람의 흥미를 유발하는 능동적인 의미로 쓰였으므로 현재분사형을 쓴 것이고 '유리' 는 능동적으로 뭔가를 break할 수 없으므로 피동적으로 당하는 의미의 과거분사를 쓰는 것입니다.

지금까지 본서에서 다루어진 문장패턴 중에 분사나 분사구가 사용되었던 것으로는 진행시제를 만들 때와, [섹션 4]에서 소개되었던 **go ~ing** 가 있습니다. Let´s go hiking. Let´s go dancing. 등의 문장을 기억하지요?

또 본문에서 다루지는 않았지만 예문으로 나왔던 Do you _see_ that traffic _coming_? Do you _hear_ a dog _barking_?도 지각동사의 목적보어에 현재분사를 쓴 형태입니다.

Ⅱ. 동명사

1. 명사와 함께 쓰이는 동명사의 예를 들면 다음과 같습니다.

– speeding ticket

– sleeping bag

– dining room

– parking garage

위의 단어들을 현재분사처럼 생각하면 뜻이 아주 우스워지겠지요? ticket이 속도를 내고 있는 것이 아니라 속도위반으로 받는 티켓이고 bag이 잠을 자고 있는 것이 아니라 취침용 bag이라는 뜻이며 room이 dine을 하고 있는 것이 아니라 식사를 하기 위한 룸이라는 뜻이죠.

2. 이제 동명사를 사용한 대표적인 구문을 몇 가지 소개해 보겠습니다. 먼저 다음의 두 구문(1A, 1B)은 문장의 진주어가 동명사이고 it이 형식적인 주어로 쓰인 경우입니다.

– 1A : It was nice talking to you.

– 1B : It's no good crying over spilt milk. *

* 이 문장은 참고서 등에서 흔히 인용되는 옛날 속담입니다. It's no good. (그런다고 소용없어요.)은 지금도 흔히 쓰이는 표현입니다.

부정사와 달리, 동명사를 주어로 하여 시작하는 문장은 자연스러우며 매우 흔히 쓰입니다.

| ex. : Visiting a foreign country is fun. |

| ex. : Climbing up the mountain would be very challenging. |

3. 다음의 구문들은 동명사를 목적어로 취하는 동사들입니다. **stand**를 '~를 참다, 견디다' 의 의미로 사용할 때는 **enjoy**와 **mind**와 마찬가지로 뒤에 언제나 명사나 동명사만을 사용해야 합니다.

– 2A : She *enjoys playing* racquetball.　　그녀는 라켓볼 하는 것을 좋아해요.

– 2B : Do you *mind coming* earlier?　　좀더 일찍 오시는 것은 불편하신가요?

– 2C : I can't *stand being* treated unfairly.　　난 불평등하게 대우받는 것은 견딜 수 없어.

– 2D : He *stopped smoking* last year.　　그는 작년에 담배를 끊었어.

– 2E : I *remember meeting* him at the party.　　나 그분 파티에서 만난 기억이 나.

– 2F : I will never *forget meeting* him.　　난 그분 만난 거 절대로 못 잊을 거야.

4. 위의 2D, 2E, 2F 세 동사들은 그 뒤에 <u>동명사를 사용할 수도 있고 to부정사구문을 사용할 수도</u> 있지만, 그럴 경우 <u>동사의 뜻이 달라진다는 특징</u>을 갖습니다.

– I should *remember to get* some milk on the way home.

– I *forgot to get* some milk on the way home last night.

remember와 **forget**, 이 두 동사 뒤에 언제 동명사를 사용해야 하고 언제 부정사구를 사용해야 하는지는 다음 두 가지를 기준으로 하면 됩니다.

'과거에 일어난 일을 기억하거나 잊었다면' 이 두 동사 뒤에 <u>동명사</u>를 사용하고 '앞으로 일어날 일을 기억하거나 잊었다고 하려면' <u>to부정사구</u>를 사용하면 무리가 없습니다.

또한 **remember**에는 무의식적인 기억과 의식적인 기억, 두 가지 뜻이 있습니다. 뒤에 동명사를 사용하면 '자신의 기억 속에 있다' 는 무의식적인 기억을 의미하며 뒤에 부정사를 사용하면 '의식적으로 생각해내다, 기억해내다' 라는 뜻이 됩니다. **forget**도 마찬가지로 동명사를 쓰면 무의식적인 망각을 나타내고 부정사구를 사용하면 깜빡 잊어서 뭔가를 하지 못했다는 의미가 되는 것입니다. 미국영어에서는 전치사 **about**을 사용한 I *forgot about* my meeting. I *forgot about* doing my homework.와 같은 표현이 더 자주 쓰입니다.

5. 2D의 stop은 <u>명사나 동명사를 목적어로 쓰면</u> '~을 / 를 그만두다' 라는 뜻이지만 다음 예문과 같이 '멈추다' 는 뜻의 완전자동사로 <u>목적어 없이 쓰이기도</u> 합니다. 이 때 to부정사구는 부사로 사용되어 '~하기 위하여' 라는 의미로 쓰인 것입니다.

| ex. : He stopped to take a break.　　그는 휴식을 취하기 위해 (일손을) 멈췄습니다. |

6. 다음의 구문(3A, 3B, 3C)에 해당하는 동사들은 뒤에 동명사와 to부정사가 다 올 수 있는 동사들입니다. 이들은 to부정사를 쓰든 동명사를 쓰든 사실상 거의 아무런 의미상의 차이가 없는 동사들입니다.

– 3A : She *likes swimming.*　　She *likes to swim.*

– 3B : I *prefer to stay* at home.　　I *prefer staying* at home.

– 3C : I *began working* at the office last month.　　I *began to work* at the office last month.

He will move to his new house tomorrow.

Jack은 내일 새 집으로 이사를 갈 거야.

다음 conversation의 내용을 먼저 듣고 따라 한 후, 본문을 보시기 바랍니다.

(Yale´s friend is moving away with his family.)

예일이 친구가 가족과 함께 이사를 갑니다.

Yale : Mom, did Jack move away?

엄마, Jack은 이사를 가버린 거예요?

Mom : No, honey. He´s still here. You can see Jack today at school.
He will move to his new house tomorrow.

아니, 우리 귀염둥이야. Jack 아직은 여기 있단다. 오늘 학교 가면 Jack을 만날 수 있어. Jack은 내일 새 집으로 이사를 갈

거야.

Yale : I will miss him. He is my best friend.

나는 Jack이 보고 싶을 거예요. 걔는 나하고 제일 친한 친구예요.

Mom : Yes, Jack is a very nice boy. His parents are nice people, too.
I will miss them.

그래, Jack은 정말 좋은 아이지. 그 부모님들도 참 좋은 분들이고 말이야. 나도 그분들이 보고 싶을 거야.

Yale : When will new people move into Jack´s house?

언제 새로운 사람들이 잭의 집에 이사와요?

Mom : They will be here in a couple of days. Maybe a boy your age
will live there?

새 이웃은 이틀 후면 여기에 올 거란다. 아마 네 나이 또래 남자아이가 거기 살게 될지도 모르지?

Yale : I don´t want just any boy to live there. I want Jack to live there.

난 거기 그냥 아무 남자애가 사는 걸 바라는 게 아네요. 난 Jack이 거기 살았으면 좋겠어요.

Mom : I know, Yale. You don´t want Jack to leave his house. But his
dad got a new job. You can play with Jack today. In the summer we
can visit Jack at his new house. Okay?

그래, 예일아. 넌 Jack이 그 집을 떠나는 게 싫은 거지. 하지만 그 애 아버지가 새로운 일을 맡게 되셨단다. 오늘 Jack하고
놀고 여름엔 우리가 Jack의 새 집에 놀러갈 수도 있을 거야. 그럼 되겠니?

Yale : Okay, Mom. Can I write Jack a letter when I miss him?

좋아요, 엄마. Jack이 보고 싶으면 걔한테 편지를 쓸 수 있을까요?

Mom : Yale, that is a wonderful idea! I will write to his mom and dad, too.

예일아, 그거 아주 좋은 생각이다. 나도 그 애 엄마 아빠에게 편지를 써야겠다.

Did Jack move away?

외국어로서의 영어를 공부하는 우리에게 전치사의 사용보다 더 어려운 것은 이와 같이 동사와 부사가 결합된 형태가 아닐까 합니다. 영어에는 동사와 부사로 이루어진 숙어가 수백 개에 이릅니다. 어떤 것은 동사와 부사의 뜻을 따로따로 알면 그 둘이 결합된 숙어표현의 뜻도 자연스럽게 알 수 있지만, 사실 그런 경우는 드물고 그 각각의 뜻과는 관계없는 뜻을 갖는 숙어가 대부분입니다.

move away처럼 move와 부사가 결합된 형태를 살펴보겠습니다. move away와 한번 비교해 보십시오.

- My landlord says I need to _move out_ by Friday.

  우리 집주인 아저씨가 나보고 금요일까지 이사를 나가래.

- My friend Pamela is going to _move in_ with me.

  내 친구 Pamela 가 그 집에 나하고 같이 이사 들어갈 거야.

Did Jack move away?는 그 지역으로부터 멀리 이사를 떠나가는 것에(away from the area) 초점을 두고 있는 표현인 반면, 위와 같이 **out**을 사용하면 건물이나 특정 장소 밖으로 이사를 나가는 데(out of the building or a certain place)에 초점이 맞춰집니다. **in**은 **out**과 정반대의 개념으로 (in to the place) 생각하면 되겠지요?

다음의 표현들에는 move와 전치사가 결합되어 사용되었습니다. 같은 단어가 전치사로도 쓰이고 부사로도 쓰일 수 있지요.

- We're moving _into_ a new apartment.   우리 새 아파트로 이사 갈 거다.

- I would like to move _to_ a warmer climate.

  난 기후가 좀더 따뜻한 곳으로 이사 갔으면 좋겠어.

- He will move _to_ his new house tomorrow.   그 사람 내일 새 집으로 이사 가.

미래진행시제

1. 미래진행시제는 '미래의 어느 기점 전후로 계속 이어지는 상태나 행위'를 나타냅니다.

| ex. : I will be waiting for you.　난 너를 기다리고 있을 거야. |

| ex. : Everybody will be thinking of you.　모두 네 생각을 하고 있을 거야. |

| ex. : We will be traveling all month. |

　　　우린 한 달 내내 여행을 하며 돌아다니고 있을 거야.

2. 미래진행시제 표현은 무엇을 성취할 것인지보다 어떻게 시간을 보낼 것인지에 초점이 있습니다.

| ex. : What are you going to be doing over the break? |

　　　너 휴가기간 동안 뭐하며 지낼 거니?

　　– I'm going to be visiting my grandparents in St. Louis.

　　　난 세인트루이스에 있는 할아버지할머니네 방문할 거야.

will과 would의 다양한 의미

문장 안에서 **will**과 **would**가 갖는 의미들을 정리하여 소개합니다.

1. I *will* be 20 next year.　난 내년이면 스무 살이 돼.

　순수미래 : 우리 의지로 바꿀 수 있는 게 아닌 것들을 표현할 때 사용합니다.

2. I *will* go to the party with you.　나도 같이 파티 갈게.

　의지 (willingness, determination)

3. *Will* you stay for lunch? (= Would you stay for lunch?)

　저녁 드시고 가실 수 있겠어요?

　요청 (request) : 이 문장에서 will을 잘못 해석하면 오해할 수도 있습니다. 남의 집에 방문했다가 집주인이 위와 같이 물었을 때 '식사시간까지 있을 거냐, 아니면 그전에 떠날 거냐'라고 2번의 의미처럼 '의지'로 해석하여 어떻게 대답해야 하나 고민하는 사람을 종종 보았거든요. 그래서 will과 같이 쉬운 단어도 정확한 의미를 아는 것이 중요합니다.

4. Boys *will* be boys.　남자애들은 어쩔 수 없다니까.

　늘 변하지 않고 항상 일어나는 일을 표현

5. He _would_ often come home late.　　그이는 늦게 들어올 때도 종종 있었어요.

　　과거에 가끔 일어나던 상태에 한정해서 쓰임. 지속되었던 일에는 쓰지 않음.

| cf. : He _used to_ come home late.　　그이는 이전엔 집에 늘 늦게 들어왔답니다. |

　　이 문장은 과거에 지속되었던 일을 설명하는 말입니다. 고로 이제는 더 이상 늦게 들어오지

　　않는다는 것을 암시하지요.

6. _Would_ you answer the phone for me?　　저 대신 전화 좀 받아주겠어요?

　　정중한 요청 : would를 쓰면 약간은 망설이며 부탁하는 듯한 느낌을 주기 때문에 정중한 표현이

　　됩니다.

7. She _would_ be about 50 now.　　그녀가 지금 한 쉰 살쯤 됐을 거야.

　　가능성(probability likelihood)

8. The door _won't_ open.　　문이 안 열려.

　　This desk _wouldn't_ budge.　　이 책상 꼼짝도 안 하는걸.

　　주어의 고집 : 이 때 will 이나 would를 쓰지 않고 The door _doesn't_ open.이라고 하면 뭐가

　　틀릴까 싶겠지만 마치 문이 자기가 자의적으로 열 수 있는데 안 여는 것처럼 말하는 것이 되므로

　　우스꽝스러운 의미가 됩니다. 반면에 will이나 would는 주어가 생물이거나 무생물이거나 상관

　　없이 주어의 고집이나 주장, 거절을 표현할 수 있는 단어입니다.

9. I _wouldn't_ do that.　　나라면 그렇게 안 하겠어.

　　가정법에서 쓰이는 **would** : 이전에 중 · 고등학교 교과서나 참고서의 가정법 편을 보면 대부분

　　의 가정법문장이 if절과 함께 소개되어 있는 것을 봅니다. 그 때문에 if절이 함께 오지 않으면 가정

　　법문장이 아닌 것으로 생각하거나 심지어 영어에서 가정법문장이 별로 안 쓰이는 것으로 생각하

　　는 사람들을 많이 보았습니다. 하지만 실제로는 if절의 내용은 굳이 말하지 않아도 쉽게 짐작할

　　수 있기 때문에 생략하는 것이 보통입니다. 가정법에 대한 설명은 3권에서 더 자세히 다루도록 하

　　겠습니다.

Maybe a boy your age will live there?

1) 동갑을 영어로 표현하면 They are of the same age.이지만 일반적으로 of를 생략한 표현이
(They are the same age.) 훨씬 흔하게 쓰입니다. 본문에 쓰인 **a boy your age**도 유례는 a
boy of your age에서 of가 생략된 것이지만 미국에서는 a boy of your age와 같은 표현은 쓰이

지 않습니다.

2) 우리나라 사회에서는 인간관계에서 나이서열이 중요하기 때문에 사람을 만나면 먼저 연배부터 따지는 경향이 있습니다. 나보다 나이가 많은 사람과 나이가 적은 사람 사이에 보이지 않는 선을 긋게 되는 우리와는 달리 미국 사회에서는 가족이 아닌 남들과의 관계를 나이로 구분하는 '언니' 나 '형' 과 같은 개념은 존재하지 않습니다. 우리말의 선후배 개념과 똑같은 개념은 없다고 볼 수 있습니다.

3) 우리말의 선배나 후배와 똑같은 개념은 없지만 다음과 같이 나이의 위아래를 따지는 표현은 물론 있습니다.

| ex. : He is five years your <u>senior</u>*.　　그 사람 너보다 연배가 오 년 위야. |

* senior에서 파생된 단어로 seniority(근무경력)가 있습니다. seniority는 종종 각종 혜택을 결정하는(to determine benefits) 기준이 됩니다. 보통 근무경력이 가장 많은 사람이 휴가일수도 가장 많고 (The person with the most seniority probably has the most vacation per year.) 좀더 직장 안정도도 높은 편이지요.
참고로 senior officer는 높은 직위에 있는 경찰(officer with a higher rank)을 의미하며 senior citizens는 미국시민으로서 (보통 60세 이상의) 노인을 이릅니다.
| ex. : He is three years your junior.　　그 사람 너보다 연배가 삼 년 아래야. |

4) 또 비슷한 표현으로 상급생을 **the upperclassmen**이라고 하며 (The upperclassmen are juniors and seniors. 삼사 년 차), 하급생을 **the underclassmen**이라고 칭합니다. (The underclassmen are freshmen and sophomores. 일이 년 차)

I don´t want just any boy to live there.

A : I don´t have <u>*any*</u> money.　　나 돈이 하나도 없어.

B : <u>*Any*</u> student is eligible for the insurance.

　　어떤 학생이든지 그 보험에 가입할 수 있습니다.

1) 위에서 본문의 문장에 쓰인 any를 유의하여 보기 바랍니다. A의 용례처럼 <u>**any**가 **not**을 강조하는 의미로 쓰인 것이 아닙니다.</u>

2) B와 같이 any로 시작하는 긍정문에서 any 는 '무엇이든, 누구든, 어떤 ~이나' 등의 의미가 됩니다.

3) 본문의 문장은 〈주어 + 동사 + 목적어 + 목적보어〉의 구조로 되어 있으며 목적어인 **just any**

boy와 목적보어인 **to live there**가 의미상으로는 주어와 동사 관계를 이루고 있습니다. 부정어인 not이 단지 any boy만 부정하는 것이 아니라 목적어와 목적보어를 함께 (just any boy to live there) 부정하고 있는 것입니다.

4) 이 때의 **any**는 B와 같은 용례이므로 '아무 남자애나 거기 사는 걸 원하는 게 아니다' 라고 하여 부분부정이 되는 거지요.

5) 그러므로 A에 쓰인 any와 같이 생각하여 '거기에 어떤 남자애도 살지 않았으면 좋겠다' 라고 전면부정으로 이해하면 틀린 해석이 되는 겁니다.

I know, Yale.

I know.는 상대방의 말에 대한 응답으로 아주 흔히 쓰이는 표현입니다. 본문에서는 상대방의 마음을 이해한다는 뜻으로 쓰였지만 주로 '그러게 말이야, 그러니까' 하는 의미로 상대방의 말이 옳다는 것을 확인해 주는(verifying) 응답으로 흔히 쓰이는 표현입니다.

His dad got a new job.

1권의 [섹션 9]에서도 잠깐 언급했습니다만 job은 흔히 우리가 알고 있는 직업이라는 뜻보다 '할 일, 직무, 임무' 등의 다른 의미로 더 많이 쓰이는 단어입니다. 위와 같이 말하면 다른 회사에 취직했다는 의미도 될 수 있지만 같은 회사에서 다른 임무를 갖게 되었다는 의미도 될 수 있는 것입니다.

Can I write Jack a letter when I miss him?

일시적인 때를 나타내는 부사절입니다. 현재시제를 사용하여 미래를 나타내고 있는 것을 알 수 있지요?

↘ 영역할 때 if와 when의 사용

앞에 나온 우리나라 말을 거꾸로 영역한다고 생각해 봅시다. 우리말의 '~하고 싶으면'은 생각하기에 따라 when(~할 때, ~하면)의 의미로도, 때로는 if(만약 ~한다면)의 의미로도 쓰이는 말입니다. 영어로 말을 할 때나 번역할 때 하고 싶은 표현을 정확히 전달하려면 단지 우리말을 직역하여 영어로 그대로 번역하는 수준을 벗어나서 자신이 전달하고자 하는 말의 진의를 전할 줄 알아야 합니다. 앞의 본문에서는 전후의 내용을 볼 때 아이가 if I miss him이라고 하지는 않을 것을 알 수 있습니다. 매우 친한 친구이기 때문에 당연히 그리워하게 될 것이고 그럴 때(when)는 편지를 써도 되겠는가 하는 말이지요. if를 사용하면 친구를 그리워하게 될지, 혹은 그렇지 않을지 알 수 없다는 어감을 주지만 when을 사용하면 분명히 그리워하게 될 것이므로 확신 있게 묻는 말이 되는 것입니다.

다음은 주어진 힌트를 사용하여 〈it + be동사 + 형용사 + to부정사〉 구문을 완성하는 연습입니다. 나열된 힌트들은 바른 순서로 되어 있지 않으므로 올바른 순서로 재배열하여 문장을 완성해야 합니다.

① 나열해 놓은 단어 힌트들을 이용해서 문장을 완성하고 소리 내어 답을 말해 보십시오.
② 테이프에서 나오는 답을 듣고 다시 한 번 따라 하십시오. 여러 번 반복하면 더욱 좋습니다.
③ 주어진 답은 제일 나중에 참고하십시오.

> ex.) call - a cab - safer
>
> → *It is safer to call a cab.*

1. because it's high season - get a cheap flight - difficult

→ ______________________________

2. forget something - easy

→ ______________________________

3. not safe - at night - walk alone

→ ______________________________

4. not a good idea - a lot of luggage - bring

→ ____

5. order - cheaper - on line

→ ____

6. on the internet - buy things - cheaper

→ ____

7. buy on the internet - cheaper - than - on the phone

→ ____

미래시제에 대한 대답

미래시제로 된 질문에 대답할 수 있는 대답 샘플을 몇 가지 소개합니다. 반복연습을 통해 자신의 표현으로 만들기 바랍니다.

∷ Are you going to go to the play? (= **Are you going to the play?**)

너 경기 보러 갈거니?

– I think so.　그럴 거 같아.

– Yes, I already have tickets.　그럼 나 표도 이미 구해놨어.

– No, I'm too busy. I have too much work.　아니, 난 너무 바빠. 할 일이 너무 많아.

– I think so, but I'm not sure.　그럴 거 같은데 잘 모르겠어.

∷ Are you going to eat lunch now?　지금 점심 먹으러 갈 거니?

– I am (going to eat lunch) in a second.　곧 먹으려고.

– Yeah, I'm going.　응, 나 지금 가.

– Yes, I'm starving.　응, 나 배고파 죽겠어.

– No, I have to finish my paper first.　아니, 나 논문숙제부터 끝내야 해.

– No, I have other things to do. I'll eat later.

　아니, 나 다른 할 일이 있어. 난 나중에 먹을래.

∷ What will you do when you graduate?　너 졸업하면 뭐 할 거니?

– I'm going to take some time off. I'll take some time off.

　좀 휴식기간을 가지려고 해. (휴직이나 일을 손에서 놓고 잠시 쉬겠다는 말)

– I'm going to hunt for a job.　직장 알아볼 거야.

– I'm going to medical school.　난 의대에 가려고.

– I hope to get an engineering job.　난 공학계통 직장을 구했으면 해.

– (I think) I'm going to travel.　여행을 떠날까 해.

:: **What will you do when you quit your job?**　　너 직장 그만두면 뭐 할 거야?

— I am going to work for another company.　　다른 회사에서 일하려고.

— I'm going to work on my house.　　난 우리 집 좀 손보려고. (fix it up or remodel)

— I have to get a part time job.　　난 아르바이트를 구해야 해.

— I'm going to relax.　　난 좀 쉬려고 그래.

:: **What will you do this summer?**　　너 이번 여름에 뭐 할 거니?

— I have an internship.　　난 인턴하기로 되 있어.

— I'm working for a company in the city.　　난 도시에 있는 회사에서 일할 거야.

— I'm going to visit my relatives.　　난 친지들을 방문하려고.

— Nothing.　　아무것도 안 해!

— Not much.　　뭐 별로 하는 거 없어.

:: **What will you do for Christmas break?**　　크리스마스에 뭐 할 거니?

— I'm going to eat a lot.　　난 맛있는 거 잔뜩 먹어야지.

— I'm going to sleep a lot.　　난 잠이나 실컷 잘 거야.

— I'm going to go to Florida with my family.　　난 우리 식구하고 플로리다에 갈 거야.

:: **What will you do with your bonus?**　　너 보너스 나오면 뭘 할 거니?

— I'm going to save it all.　　전부 저축할 거야.

— I'm going to pay off my credit card bills.　　내 카드 빚 청산할 거야.

— I think I want a new car.　　난 새 차를 한 대 뽑고 싶어.

— I'm going to lend money to my sister.　　여동생한테 돈을 빌려 주려고.

:: **What will you do with your extra time?**　　넌 남는 시간에 뭘 할 거니?

— I'm just going to rest.　　난 그냥 쉴래.

— I want to learn how to play the guitar.　　난 기타를 배우고 싶어.

— I want to research.　　난 리서치를 하고 싶어.

— I'm going to spend more time with my boy friend.

　　난 남자친구하고 시간을 더 보내려고.

I. 형용사의 비교급 · 최상급

1. 형용사의 비교급과 최상급

본서 1권의 [준비운동]에서 설명한 것처럼 형용사는 비교급과 최상급으로 변화할 수 있습니다. 비교급은 비교해서 '더 ~(형용사 뜻) 하다' 거나 '덜 ~(형용사 뜻) 하다' 는 것을 나타내는 표현이고 최상급은 '제일 ~(형용사 뜻) 하다' 는 표현입니다.

2. 비교급 · 최상급이 정해진 경우

형용사 중에는 다음과 같이 비교급 · 최상급이 정해진 것들도 있습니다.

good—better—best   좋은—더 좋은—가장 좋은

many/much/a lot—more—most   많은—더 많은—가장 많은

little—less—least   적은—더 적은—가장 적은

3. 비교급 · 최상급의 규칙

나머지 형용사들은 규칙을 따라 변화합니다.

음절*이 두 개 이하로 된 형용사는 그 형용사 자체에 접미사 '~**er**' 을 첨가하여 비교급을 만들고 '~**est**' 를 첨가하여 최상급을 만듭니다. (y로 끝나는 형용사는 y를 i로 바꾸고 er을 첨가합니다.) 모든 최상급은 일반적으로 정관사 **the**와 함께 쓰입니다.

음절이 세 개 이상으로 된 형용사의 경우는 형용사 앞에 **more**나 **less**를 붙여서 비교급을 만들며 최상급은 형용사 앞에 **the most**를 첨가하여 만듭니다.

* 영어의 음절은 우리말처럼 자음과 모음으로 이루어진 것이 대부분이지만 모음만으로 된 것도 있습니다. 영어가 외국어인 사람에게는 음절 사이를 눈이나 소리로 구분하기가 그리 쉽지는 않습니다. 사전에서 단어를 찾아보면 음절이 나눠지는 곳이 표시되어 있으므로 참조하기 바랍니다.

Ⅱ. 비교급 구문

1. 비교급 구문의 응용

형용사의 비교급을 사용하면 다음과 같은 표현이 가능합니다. 비교급 구문은 틀이 정해져 있으므로 응용이 어렵지 않습니다.

1) 2음절 이하의 형용사가 비교급으로 쓰인 예

아래에 이어지는 표현들은 다음과 같이 접속사 **than** 뒤의 문장에서 기능동사들이 생략된 형태입니다. (Jane is prettier than Molly (is). Jane cooks better than her mom (does).) 미국인들은 간결하게 말하는 것을 좋아하기 때문에 앞에서 나온 말은 되도록 반복하지 않으려는 경향이 있어서 뒤의 동사는 주로 생략을 합니다.

1A : Jane is _prettier_ than Molly.　　Jane이 Molly 보다 더 예뻐.

1B : Jane looks _older_ than her boyfriend.　　Jane은 걔 남자친구보다 더 나이 들어 보여.

1C : Jane cooks _better_ than her mom.　　Jane은 걔 엄마보다 더 요리를 잘해.

1D : Jane studies _more_ than I do.　　Jane은 나보다 공부를 더 많이 해.

구어체에서 1D와 같이 **than** 뒤의 문장이 인칭대명사로 시작되는 경우에는 **Jane studies more than me.**라고 하여 than을 전치사처럼 사용하는 경우가 많습니다. 1D의 형태는 두 경우에 다 적절한 표현이며 의미를 명확히 전달해 줍니다.

하지만 인칭대명사를 정확히 사용해야 하는 경우가 있습니다. 예를 들어 **James likes sports more than me.**의 경우 **James likes sports more than I do.** (내가 스포츠를 좋아하는 것보다 James가 더 스포츠를 좋아한다)와 **James likes sports more than (he likes) me.** (그가 나를 좋아하는 것보다 운동을 더 좋아한다)는 그 의미에 차이가 있습니다. 이런 경우에는 말하고자 하는 의미를 분명하게 전달해야 하므로 유의하기 바랍니다!

2) 3음절 이상의 형용사가 비교급으로 쓰인 예

2A : She is _more beautiful than_ Julia Roberts.　　그녀는 줄리아 로버츠보다 더 예뻐.

2B : Julia Roberts is _more beautiful than_ any other actress.

　　줄리아 로버츠는 다른 어느 여배우보다 더 예뻐.

2B 문장은 형용사의 비교급을 사용하여 최상급을 표현하고 있습니다. 결국은 줄리아 로버츠가 가장 예쁜 여배우라는 말이지요. 이렇게 비교급으로 최상급의 의미를 표현할 때 주의할 점이 몇 가지 있습니다. 우선 비교할 때는 단수는 단수와, 복수는 복수와 해야 합니다. 우리말은 수의 개념이 명확하지 않기 때문에 '어떤 여배우보다도' 라는 말을 any other actresses라고 복수로 쓰기 쉽습니다. 하지만 의미를 잘 생각해 보면 왜 단수는 단수와 비교해야 하는지 이해가 될 것입니다. 우리가 여러 명과 한 명을 비교할 때 그 중 한 명과 한 명씩 대조하며 비교하는 것이지 여러 명을 한 명과 한꺼번에 비교하는 것이 아니니까요.

둘째로 위와 같이 주어를 같은 그룹의 여러 사람과 우월비교를 하는 경우, 위의 예에서처럼 **than** 뒤에 any **other** actress라고 하여 줄리아 로버츠를 빼고 말해야 논리에 맞습니다. than any actress라고 하면 주어인 줄리아 로버츠도 그 안에 포함시키는 것이 되어 그녀가 그녀 자신보다 더 아름답다는 모순된 논리가 형성되기 때문입니다.

2. as ~ as구문

다음은 부사 as와 접속사 **as**를 사용하는 비교 표현입니다. 앞의 as는 부사로서 '그렇게, 그만큼' 의 의미를 갖고 뒤의 **as**는 접속사로서 '(뒤에 오는 단어, 혹은 문장) 만큼' 의 의미를 갖습니다.

3A : Jane is _as_ smart _as her sister_.　　Jane도 언니만큼이나 똑똑해.

3B : Jane can cook _as_ well _as her mom (can)_.　　Jane도 자기 엄마만큼 요리 잘해.

3C : Jane is _as_ good a cook _as her mom_.

1) 3B에서 뒤의 오는 **as** 이하의 표현을 생략하고 as well로 대체하기도 하는데 as well은 흔히 쓰이는 숙어표현입니다.

| ex. : Jane can cook _as well_.　　Jane도 그만큼 요리 잘 해. |

2) 부사 as의 바로 뒤에는 형용사나 부사만 올 수 있습니다. 3C에서 부사 **as**와 함께 쓰인 관사, 형용사의 위치를 봅시다.

일반적으로 부사는 형용사 바로 앞에 위치하며 관사가 있는 경우 관사의 뒤에 위치합니다.

| ex. : She is _a very good_ cook.　　그녀는 매우 훌륭한 요리사이다. |

| ex. : That was _a rather tight_ sweater she was wearing. |
　　　　저 여자가 입고 있는 스웨터 상당히 타이트하다.

이 법칙에도 예외는 있는데, 1권 [섹션 8]에서 **such**가 소개되었습니다.

| ex. : It is *such a beautiful* morning. |

| ex. : That was *quite a nice* performance.　　그거 상당히 괜찮은 공연이었어. |

본문에 쓰인 부사 **as**는 그 바로 뒤에 형용사나 부사만이 와야 하는 부사입니다. 그렇기 때문에 She is a good cook. 에 부사 as를 첨가하면 3C와 같은 순서로 바뀌는 것입니다.

III. 최상급 구문

최상급 표현도 틀이 정해져 있기 때문에 응용이 어렵지 않습니다. 2음절 이하의 형용사는 그 어미에 '~**est**'를 첨가하면 됩니다. 3음절 이상의 형용사인 경우는 해당 형용사 앞에 **most**를 첨가해서 표현합니다. 최상급 형용사 앞에는 반드시 **the**를 붙여야 하므로 유의하십시오.

4A : Julia Roberts is *the most beautiful* actress.

　　줄리아 로버츠는 가장 아름다운 여배우야.

4B : This is *the oldest* painting in the museum.

　　이게 이 박물관에서 가장 오래된 그림이야.

I haven´t had one today.

오늘 아직 커피를 안 마셨는데.

Conversation

(Jim <u>runs into one of his friends</u> * while he is shopping at Target.)

Jim이 Target에서 쇼핑을 하는 중에 우연히 한 친구를 만난다.

* run into someone은 '누군가를 우연히 마주치다'라는 뜻입니다.

Jim : Hey, Paul. How are you doing?

어이, Paul. (요즘) 어떻게 지내?

Paul : Oh, hi, Jim. I´m okay.
I am here to get some shampoo for our dog.

어, 안녕, Jim. 난 잘 지내. 나 여기 우리 강아지 샴푸 좀 사려고 왔어.

Jim : I am having lunch at one o´clock. I am going to
<u>Panera restaurant</u>*. Do you want to have (some) lunch with me?

난 1시에 점심을 먹을 건데. Panera 레스토랑에 갈 거거든. 함께 점심할까?

* Panera restaurant은 고유명사로, 식당의 이름이기 때문에 관사가 붙지 않습니다.

Paul : I already had lunch, Jim. I ate at eleven thirty.

Jim, 난 점심 벌써 했는데. 난 11시 반에 먹었어.

Jim : You could have a cup of coffee with me.

커피 한잔은 같이 할 수 있지 않나.

Paul : Yes. Good idea. I haven´t had one today. I will have a cup at
Panera with you.

응. 그거 좋지. (마침) 오늘 아직 커피를 안 마셨는데. Panera에서 너하고 한 잔 해야겠다.

(At Panera.)

Paul : How is your family doing?

너희 가족은 어떻게 지내니?

Jim : We're great. We are packing our suitcases. Tomorrow we are going out of town.

우리 아주 잘 지내지. 우리 지금 여행가방 싸고 있어. 내일 여행을 가거든.

Paul : Where are you going?

어디를 가는데?

Jim : We are visiting my parents in California. I have a vacation.

캘리포니아의 부모님들을 방문하려고. 내가 휴가야.

Paul : You're lucky! I want some vacation time.

야, 좋겠다! 나도 휴가 좀 받았으면 좋겠네.

Jim : When are you going to have some time off, Paul?

Paul, 넌 언제쯤 휴가 가지려고 그래?

Paul : I don't know. I think in four months for summer vacation.

모르지. 넉 달 후나 될까. 여름휴가로.

Jim : Will you take a trip?

여행 갈 거야?

Paul : No, I will stay home. My wife works in the summer. Plus*, I am a homebody!

아니, 난 집에 있을 거야. 내 아내가 여름에 일을 하니까. 거기다 내가 집에 있는 걸 좋아하잖아.

* plus는 게다가(in addition)의 의미로 젊은이들이 구어체에서 흔히 쓰는 표현입니다.

Hey, Paul. How are you doing?

이 문장은 아는 사람을 만났을 때 부담 없이 주고받는 인사입니다. 이와 같은 표현에는 다음과 같은 것들이 있지요.

– Hi, Paul.

– Hello, there.

– Hey, whats up?*

＊ 이는 매우 가벼운 인사입니다.

I´m okay

앞의 문장에 답으로 할 수 있는 인사말입니다. 다음과 같이 표현할 수도 있지요.

– I´m great.

– I´m good.

– I´m well.

– I am all right.

– I´m doing okay.

I am here to get some shampoo for our dog.

I´m here to~에 대한 설명은 1권의 [섹션 8]에서 상세히 다루었습니다. 미국인들은 쇼핑을 하다가 친구를 만나면 으레 이와 같이 서로에게 거기에 왜 왔는지, 무엇을 사러 왔는지를 말합니다.

| ex. : _I am here to_ buy some food for a barbecue. |

　　　전 바비큐파티에 쓸 식료품 좀 사러 왔어요.

| ex. : _I am here to_ buy picnic supplies.　　전 피크닉에 필요한 물품을 사러 왔어요. |

| ex. : _I am here to_ buy a birthday present.　　전 누구 생일 선물을 사러 왔어요. |

| ex. : _I am here to_ buy school supplies.　　전 학용품을 사러 왔어요. |

to get some shampoo for our dog.

본서 1권의 [섹션 8]에서는 〈주어 + 동사 + 간접목적어 + 직접 목적어〉 구문을 〈주어 + 동사 + 목적어〉 구문으로 변형하는 연습이 있었습니다. 기억하시죠? 흔히 알고 있듯이 4형식 구문을 3형식으로 전환하는 연습이었습니다. 문장을 변형하면서 간접목적어와 전치사 to를 함께 써야 하는 단어들이 소개되었지요.

본문에 쓰인 get은 〈주어 + 동사 + 간접 목적어 + 직접 목적어〉 구문을 〈주어 + 동사 + 목적어〉의 구문으로 변형할 때에 전치사 for를 사용해야 하는 동사 중의 하나입니다.

| ex. : Could you get me some milk? → Could you get some milk _for_ me?* |

* [Let's Practice]에 같은 유형으로 쓰이는 동사들을 가지고 문장을 변형하는 연습이 있습니다.

I am having lunch at one o´clock.

이 문장은 현재진행시제인데, 의미상 미래의 일을 나타내고 있습니다. 다음 예문들은 본문에 나오는 문장들 중에서 현재 현재진행시제가 미래를 나타내는 전형적인 경우입니다.

- I am going to Panera restaurant.
- Tomorrow we are going out of town.
- Where are you going?
- We are visiting my parents in California.

아래의 문장은 본문에서 현재진행시제가 '보다 장기간 진행되는' 일을 나타내는 예입니다. 지금 당장 눈앞에서 하고 있는 일은 아니니까요.

- We are packing our suitcases.

Do you want to have lunch with me?

우리 문화에서는 식사를 같이 하자고 제안하는 사람이 밥값을 계산하는 것을 당연하게 여기지만 미국 문화에서는 외식에 초청을 받았다고 해도 누가 사는 것이라는 언질이 미리 있지 않은 이상은 각자 자신이 먹은 음식에 대해 지불하는 것을 당연하게 생각합니다. 미국인과 식사를 하러 가는 경우 미국 문화에 익숙하지 않은 사람들은 같이 먹으러 나가자고 제안한 사람이 당연히 상대편의 식사 값까지

지불해야 하는 것으로 생각하는 경우가 많은데 미국은 전혀 다른 문화를 갖고 있다는 것을 기억하기 바랍니다. 상대편에게 호의를 베풀거나 감사의 표시로 식사를 사는 경우는 있지만 미리 누가 식사를 산다고 얘기가 되어 있지 않다면 각자 계산하는 것이 일반적입니다. 상대방이 함께 식사를 하자고 제안을 해서 돈을 안 갖고 갔다가 실수를 할 뻔했던 사람도 있습니다.

각자 계산하는 것이 너무 어색하게 느껴진 나머지 늘 식사 값을 혼자 계산해버리는 사람들도 종종 있는데 서양문화에서는 이해가 안 되고 오히려 이상한 사람으로 보일 수도 있습니다. 우리나라 문화에 익숙한 외국인들 중에는 우리의 습관을 이용하여 돈을 안 내고 식사를 얻어먹는 것을 즐기는 사람들도 있는 것 같습니다.

다음은 식사나 다른 일을 함께 하자고 격의 없이 제안할 때 쓰는 표현들입니다.

- *Would you like to* join me?　　　　　　- *Do you want to* come?

- *Can you* go with me?　　　　　　　　- *Do you want to* join me?

You could have a cup of coffee with me.

이 문장에서 사용된 could의 용례는 지금까지 우리가 살펴본 것과는 다른 용례입니다. 우리가 지금까지 예문으로 보았던 용례는 아래의 예문 A 같이 can보다 약간 더 정중한 요청을 의미하는 경우와, 그리고 예문 B와 같이 단순히 can의 과거형으로 쓰인 경우였습니다. 마지막에 나온 예문 C가 본문과 같은 용례입니다.

A : *Could* you drive me home?

B : I *couldn´t* be there at noon.

C : I *could* eat with you.

위 예문 중 B와 C의 차이를 봅시다. B의 예문에서는 문맥상으로 could가 과거를 의미함을 알 수 있지만 본문에 쓰인 문장 (You could have~)과 예문 C에서는 시간에 대한 암시가 특별히 없음을 알 수 있습니다.

이 could는 가정적인 표현입니다. 먼저 C의 예문을 보면 **I could eat with you**. (나 너하고 같이 식사할 수 있을 거 같아.)는 '별다른 일만 생기지 않는다면, 네가 좋다면' 등의 가정을 내포하고 있는 표현으로서 현재나 미래의 시간을 다 암시하는 말입니다.

본문에 쓰인 You could have a cup of coffee with me.도 너만 괜찮다면 등의 가정을 내포하여 상대방의 상황을 배려하면서 제안(suggestion)하는 말투인 것입니다.

I haven´t had one today.

현재완료시제에 대한 설명은 뒤에 이어지는 [Useful Expressions I] (209쪽)을 참조하세요.

We´re great.

지나가는 인사를 받았을 때, 아주 친한 친구이거나 혹은 사적인 문제를 나눌 만큼 편안한 사이가 아 닌 이상은 사실 좀 못 지내고 있다고 하더라도 대부분 I´m doing OK. Thank you. 등으로 대답을 합니다. 그 때 Great.라고 하면 거짓말이 되겠지요.

미국인들은 사실 별로 잘 지내고 있지 못하더라도 **Fine**. / **Good**. / **Okay**. 등으로 간단하게 대답 하는 것이 일반적입니다. 미국인들이 상대방에게 속마음을 털어놓지 않는 것은 자신이 상대방의 하 소연을 들을 마음의 여유가 없는 것처럼 상대방도 내 고민을 듣고 싶지 않아 할 것이라는 개인주의적 인 생각이 바탕에 깔려 있기 때문인 것 같습니다.

I have a vacation.

이 문장은 **I have some vacation time**.과 같은 의미입니다.

우리말로 '휴가를 받다' 라고 하기 때문인지 영어로도 동사 get을 써서 I got a vacation. (X) 이라 고 실수를 하는 경우를 본 적이 있습니다. 그렇게 말해도 다들 알아듣기는 하겠지만 올바른 표현은 아닙니다. 마치 a vacation을 사람에게 건네줄 수 있는 것처럼 말하는 게 되니까요.

휴가(a vacation) 자체는 누구와 주고받을 수 있는 성질의 것이 아니지만 시간은 주고받을 수 있으 므로 다음과 같이 표현할 수는 있습니다.

- I got some vacation time.
- I got some time off for a vacation.

When are you going to have some time off?

[섹션 3]에서 설명했던 move away와 같이 동사와 부사가 결합된 표현입니다. **have a day off**나 **take a day off** (하루 근무를 쉬다)는 매우 흔히 쓰이는 표현이지요.

off를 전치사로 사용하여 **take time off work**라고 표현하기도 합니다. have (= take) a break (= a vacation) 등도 같은 뜻으로 흔히 쓰는 표현들입니다.

I don´t know.

이 문장은 확신이 없다는 의미를 갖고 있으며 다음과 같이 표현할 수도 있습니다.

- I´m not sure.
- I´m not quite sure.
- I don´t know for sure.

in four months

in four months는 넉 달 이내가 아니라 '넉 달 후에' 에 가까운 의미입니다. 넉 달 이내(within)로 표현하려면 _In the next four months_ I will get some time off.라고 하는 것이 정확할 것입니다.

I am a homebody!

위 문장은 집에 있는 것을 좋아한다는 의미를 아주 재미있게 표현했습니다. 이와 비슷한 표현들에는 다음과 같은 것들이 있습니다.

- I like to relax at home.　난 집에서 쉬는 게 좋아.
- I like to hang out at home.　난 집에서 빈둥거리는 게 좋아.
- I like to putter around* the house (the garden).

  난 집에서 (정원에서) 그냥 소소한 일을 하면서 시간 보내는 게 좋아.
- I like to putter around* in the garage.

  난 차고에서 이것저것 손보면서 시간 보내는 걸 좋아해.

* putter around는 그다지 심각하지 않은 소소한 일들을 하면서 시간을 보낸다는 뜻의 구어체 표현입니다.

Ⅰ. 다음은 대명사를 써서 문장을 간단하게 만드는 연습입니다. 보기를 본 후 그와 똑같은 방식으로 문장을 완성하십시오.

① 중급 이상의 독자들은 교재를 덮고 테이프만으로 문제를 풀어 볼 것을 권합니다.

② 먼저 테이프에서 나오는 보기를 듣고 따라 하십시오.

③ 그 다음 1번부터 문장을 듣고 소리 내어 답합니다.

④ 테이프의 답을 듣고 따라 합니다.

⑤ 아직 듣기가 힘들면 빈칸에 답을 적은 후에 테이프를 따라 소리 내서 연습하십시오.

⑥ 주어진 답은 제일 나중에 확인하십시오.

---

ex.) Have some coffee.　　→ *I already had some.*

　　 Have a banana.　　　→ *I already had one.*

---

1. Have some beer.

→ ________________________________

2. Have an apple.

→ ________________________________

3. Have some milk.

→ ____

4. Have some wine.

→ ____

5. Have a glass of water.

→ ____

6. Have a popsicle.

→ ____

7. Have an orange.

→ ____

II. 다음은 〈주어 + 동사 + 간접 목적어 + 직접 목적어 (4형식)〉 구문을 〈주어 + 동사 + 목적어 (3형식)〉 구문으로 변형할 때 전치사 for를 사용해야 하는 동사들로 이루어진 구문입니다. 문장변형을 연습하십시오.

① 중급 이상의 독자들은 교재를 덮고 테이프만으로 문제를 풀어 볼 것을 권합니다.

② 먼저 테이프에서 나오는 보기를 듣고 따라 하십시오.

③ 그 다음 1번부터 문장을 듣고 소리 내어 답합니다.

④ 테이프의 답을 듣고 따라 합니다.

⑤ 아직 듣기가 힘들면 빈칸에 답을 적은 후에 테이프를 따라 소리 내서 연습하십시오.

⑥ 주어진 답은 제일 나중에 확인하십시오.

---

ex.) Could you get me some milk?

→ *Could you get some milk for me?*

---

1. I bought my boyfriend some chocolate.

→ ______________________________________

2. Could you make us some coffee?

→ ______________________________________

3. Save me some pizza.*

→ ______________________________________

* Save me a piece. (나 한 조각 남겨 줘 = set it aside)라고 말할 수도 있습니다. 또 Could you save it for me?라고 말해도 같은 뜻이 되겠죠.

4. Would you do me a favor?

→ ____

5. You can bring her some flowers.

→ ____

6. I will go get you some milk.

→ ____

 다음은 두 개의 문장을 접속사 while을 사용하여 연결하는 연습입니다. 보기를 잘 들은 다음 그와 같은 방식으로 문장을 완성하십시오.

① 중급 이상의 독자들은 교재를 덮고 테이프만으로 문제를 풀어 볼 것을 권합니다.
② 먼저 테이프에서 나오는 보기를 듣고 따라 하십시오.
③ 그 다음 1번부터 문장을 듣고 소리 내어 답합니다.
④ 테이프의 답을 듣고 따라 합니다.
⑤ 아직 듣기가 힘들면 빈칸에 답을 적은 후에 테이프를 따라 소리 내서 연습하십시오.
⑥ 주어진 답은 제일 나중에 확인하십시오.

---

ex.) She took a shower.   I had breakfast.

→ *She took a shower while I was having breakfast.*

---

1. The telephone rang.   I ate lunch.

→ _______________________________________

2. He cleaned the room.   I washed the dishes.

→ _______________________________________

3. I found a cell phone.   I cleaned the living room.

→ _______________________________________

4. She came home.　　I had dinner.

→ ____

5. The phone rang.　　I wrote a letter.

→ ____

6. It rained.　　I took a walk.

→ ____

IV.

다음은 과거시제로 된 문장을 완료시제로 바꾸는 연습입니다. 바로 뒤에 이어지는 [Useful Expressions I]을 먼저 공부한 다음에 어감의 변화에서 오는 차이를 의식하면서 연습하기 바랍니다.

① 중급 이상의 독자들은 교재를 덮고 테이프만으로 문제를 풀어 볼 것을 권합니다.

② 먼저 테이프에서 나오는 보기를 듣고 따라 하십시오.

③ 그 다음 1번부터 문장을 듣고 소리 내어 답합니다.

④ 테이프의 답을 듣고 따라 합니다.

⑤ 아직 듣기가 힘들면 빈칸에 답을 적은 후에 테이프를 따라 소리 내서 연습하십시오.

⑥ 주어진 답은 제일 나중에 확인하십시오.

---

ex.) Jane went to Korea in 1977.

→ *Jane has been to Korea.*

---

1. I ate a hamburger for lunch.

→ _______________________________________

2. Jim cooked dinner tonight.

→ _______________________________________

3. He took a break from work last month.

→ _______________________________________

4. Katie needed a babysitter last week.

→ ____

5. Russell flew to New York.

→ ____

6. I requested a copy of the dissertation.

→ ____

7. Mike got his drivers license last month.

→ ____

8. Laura was in Costa Rica for two weeks.

→ ____

9. Kelly stopped smoking.

→ ____

Let´s Practice Ⅳ에 대한 해설

1 (저 먹었어요.) – 완료시제를 쓸 때의 <u>초점은 현재</u>에 있습니다. 이미 뭔가를 먹어서 '지금 배가 고프지 않다' 는 결과를 나타내는 데에 목적이 있는 것입니다. 괄호 안의 내용, (a hamburger for lunch)는 흔히 생략하 고 씁니다.

2 (Jim이 저녁을 요리해 놓았어요.) – 이 사람이 지금까지 요리를 했음을 알 수 있습니다.

3 (그 사람 휴직했어요.) – 지금도 휴직 중임을 알 수 있습니다.

4 (Katie는 계속 베이비시터를 찾고 있어요.) – 아기를 돌봐줄 사람이 없어서 어려움을 겪고 있을 것 같습니다.

5 (Russell 은 비행기로 뉴욕에 갔어.) – 지금은 여기 없다는 말이죠.

6 (난 박사논문 하나를 신청해 놓은 상태예요.) – 이제 신청해 놓았고 아직 받지는 못했다는 것을 알 수 있습 니다.

7 (Mike가 운전면허를 땄어.)
got의 과거분사형으로 gotten을 쓰느냐, 아니면 got을 쓰느냐에 따라 의미가 달라진다는 것에 유의하십 시오. I have **gotten** my drivers license.는 운전면허를 발급받았다는 동작에 초점이 있는 표현이며 I have **got** my drivers license.라고 하면 지금 현재 운전면허증을 갖고 있다는 상태에 초점이 있는 말입니다.

8 (Laura는 코스타리카에 가본 적이 있어요.) – 코스타리카에 가 보았다면 그곳에 대해 조금이라도 뭔가 알고 있을 거라고 추정할 수 있겠지요.

9 (Kelly는 담배를 끊었어.)
Kelly doesn´t smoke anymore. Kelly no longer smokes.와 같은 뜻이지요.

과거시제는 단지 과거의 상태나 동작을 언급하는 것이므로 현재와 연관하여 생각하지 말아야 한다는 것을 기 억하기 바랍니다. 과거시제와 현재완료시제는 대부분 비슷한 의미로 쓰이지만 9번의 답과 같이 현재완료로 표현하면 현재까지도 담배를 끊은 상태라는 것을 좀더 분명히 표현하는 것입니다.

완료시제

1권에서 설명한 것처럼 완료시제에는 현재완료, 과거완료, 미래완료가 있고 여기에 진행형이 추가되면 현재완료진행, 과거완료진행, 미래완료진행으로 나누어집니다. (완료시제와 기능동사의 역할에 대한 기본적인 설명은 1권에 있는 [준비운동]을 참조하십시오.)

지금까지는 단순시제의 현재, 과거, 미래와 그에 따른 진행시제를 보았습니다. 그렇다면 완료시제는 단순시제와 어떤 차이가 있을까요?

완료시제의 가장 큰 특징 중의 하나는 '동사의 상태나 행위'를 시작한 시점이 언급되지 않는다는 것입니다. 말의 초점이 거기에 있지 않기 때문에 그 시점을 언급하지 않는 것이지요.

완료시제를 사용할 때 그 표현의 초점은, 예를 들어 '현재' 완료의 경우 그 표현의 초점은 현재에 있는 것입니다.

단순과거시제는 '현재와 관련이 없이 과거만을 언급' 합니다. 실제로는 과거로 표현하는 것과 현재완료로 표현하는 것에 큰 차이가 없을 때가 많지만, 완료시제를 쓰면 현재에 초점이 있으므로 현재의 상태나 결과가 좀더 분명하게 나타납니다.

미국 구어체에서는 과거시제로도 충분히 그 의미가 전달될 경우에는 편하게 과거시제를 쓰기도 합니다. 예를 들어 I **have read** Jane Eyre.는 좀 딱딱하게 느껴지기 때문에 I **read** Jane Eyre.라고 말을 하지요.

가장 흔히 쓰이는 현재완료를 예로 들어 보겠습니다.

1. 과거에 시작한 행위가 현재까지 연장되거나 현재를 포함하는 경우

A : I *haven't had* coffee today.　　나 오늘 커피 안 마셨어.

B : I *have seen* that movie.　　난 그 영화 봤어.

C : *Have* you *had* any serious illness?　　어떤 심한 질병을 앓으신 적이 있으신가요?

D : *Have* you *had* any breakfast?　　아침에 뭐 좀 드셨나요?

위의 완료시제를 보면 어떤 행위가 과거 어느 시점부터 현재까지를 포함하고 있음을 알 수 있습니다. A는 부사 today가 제한을 해 주므로 오늘 아침 일어나서부터 지금까지 커피를 마시지 않았다는 말인 것을 알 수 있지요. D의 예문도 내용상 마찬가지입니다.

B의 예문을 보면 영화를 언제 보았는지는 모르지만 현재 나는 영화를 이미 봐서 내용을 알고 있는 상태라는 말이죠. C는 태어나서부터 현재까지를 다 포함하는 질문입니다.

2. 과거의 행위나 경험이 가져온 현재의 결과에 초점을 맞출 경우

현제완료 표현은 과거의 행위나 경험이 가져온 현재의 결과에 초점이 있습니다. 그리고 주관심사는 현재이며 과거가 아닙니다.

A : He *'s gone* to the store.　　그이는 가게에 갔어.

그 사람이 언제 가게로 떠난지에는 초점이 없으며 단지 그 결과 그 사람이 현재 여기에 없다는 (He is not here) 것을 전달하는 말이지요.

B : He *has lived* in Korea for many years.　　그 사람 한국서 산 지 몇 해가 됐어.

마찬가지로 그 사람이 과거 어느 시점부터 한국에서 살았는지에 초점이 있는 것이 아니라 과거부터 한국에서 살아왔고 현재에도 한국에 살고 있다는 의미입니다. 아마도 그 결과 한국의 문화나 풍습에 익숙할 것이라는 암시도 들어 있을 수 있겠지요. 이 때 부사구에 정확한 햇수를 넣으면 (~for five years) 과거 언제부터 살기 시작했는지를 알 수 있습니다.

문장 B를 과거로 표현하면 어떤 차이가 있을까요. **He lived in Korea for many years**. 이렇게 과거시제를 사용하면 현재를 포함하지 않는 표현입니다. 과거로 표현했으므로 아마도 현재에는 이 사람이 한국에서 살지 않는 것 같습니다. 또 과거에 몇 년간 살았다는 말이므로 예를 들어 삼십 년 전에 몇 년간 살았는지, 혹은 최근에 몇 년 간 살았는지 그런 정보는 알 수가 없습니다.

C : I *'ve broken* my glasses.　　내 안경이 부러져 버렸어.

이렇게 현재완료로 말하면 과거의 언제 안경이 부러졌는지에 초점이 있는 것이 아니라 '결과적으로 현재 안경이 부러져 있다' 는 것을 전달하는 말입니다. 아마도 '나' 는 눈이 잘 안 보여서 약간 고생을 하고 있겠지요.

이때 **I broke my glasses**.라고 과거시제를 사용하여 말을 하면 안경이 부러졌다는 과거의 동작에 초점이 있으며 현재를 포함하고 있지 않은 말입니다. 지금은 그 안경이 고쳐졌는지 아니면 아직도 부려져 있는 상태인지 알 수가 없는 표현이라는 말입니다.

여기서도 마찬가지로, 과거시제를 사용해도 충분히 전달하고자 하는 의미를 전할 수 있으면 편하게 과거시제를 사용하는 것을 선호합니다. I*'ve finished* my homework. / Jim *has bought* a car.라고 말하기보다는 I *finished* my homework. / Jim *bought* a car. 하고 말하는 것을 좋아한다는 거죠.

3. 바로 직전에 완료된 행위를 나타내는 경우(immediate past)

– I *have just finished* doing the dishes.　　나 막 설거지 끝냈어.

우리말과 마찬가지로 영어에도 그 규모가 작건 크건 간에 상당히 과장이 많이 쓰입니다. 한참 전에 끝냈어도 I've just finished…라고 하는 경우가 흔합니다. 이 때의 **just**는 **recently**에 대체될 수 있는 표현이며 아래 문장에 나오는 just와는 그 뜻을 구별해야 합니다. 참고로 **finish**는 명사나 동명사만을 목적어로 취하는 동사입니다.

| cf. : I *just* wanted to talk to you. (= merely)　　나 단지 너하고 얘기를 좀 하고 싶었어. |

4. 현재까지 계속 진행되는 상황을 표현할 때는 현재완료진행을 사용

A : She*'s been waiting* to see you since this morning.

　　그녀가 아침부터 당신을 만나려고 기다리고 있어요.

B : They*'ve been studying* English for five years.

　　그 사람들 지금까지 5년 동안 영어공부를 하고 있는 거예요.

C : The baby *has been crying* all morning.

　　그 아기가 아침 내내 울고 있어.

D : It*'s been raining* since last night.

　　어젯밤 이래로 계속 비가 내리고 있어.

현재완료진행은 이미 진행이 끝났더라도 그 행위나 상태가 지속되는 것을 강조하기 위해서도 사용합니다. 아래의 예문을 보십시오. 지금 당장에는 청소를 하고 있지 않지만 (상대방과 대화를 하고 있으므로) 그 때문에 옷이 지저분하다는 것을 강조하기 위해서 현재완료진행을 사용하고 있습니다.

| ex. : Please excuse my dirty clothes. I*'ve been cleaning* the garage. |

　　　실례합니다. 제 옷이 지저분해서요. 지금 차고를 청소하는 중이거든요.

blender
cupcake / muffin pan
microwave
butter knife
butter dish
salt shaker
peeper shaker
Pepper
Salt
cheese grater
후추를 가는 기구는
black pepper grinder
라고 부릅니다.
mixing bowl
strainer
colander라고도 합니다.
can opener
whisk
garlic press
ice cube tray
tupperware
본래는 회사 이름이지만 제품에 상관없이
플라스틱 통을 부르는 명칭이 되었습니다.
spatula

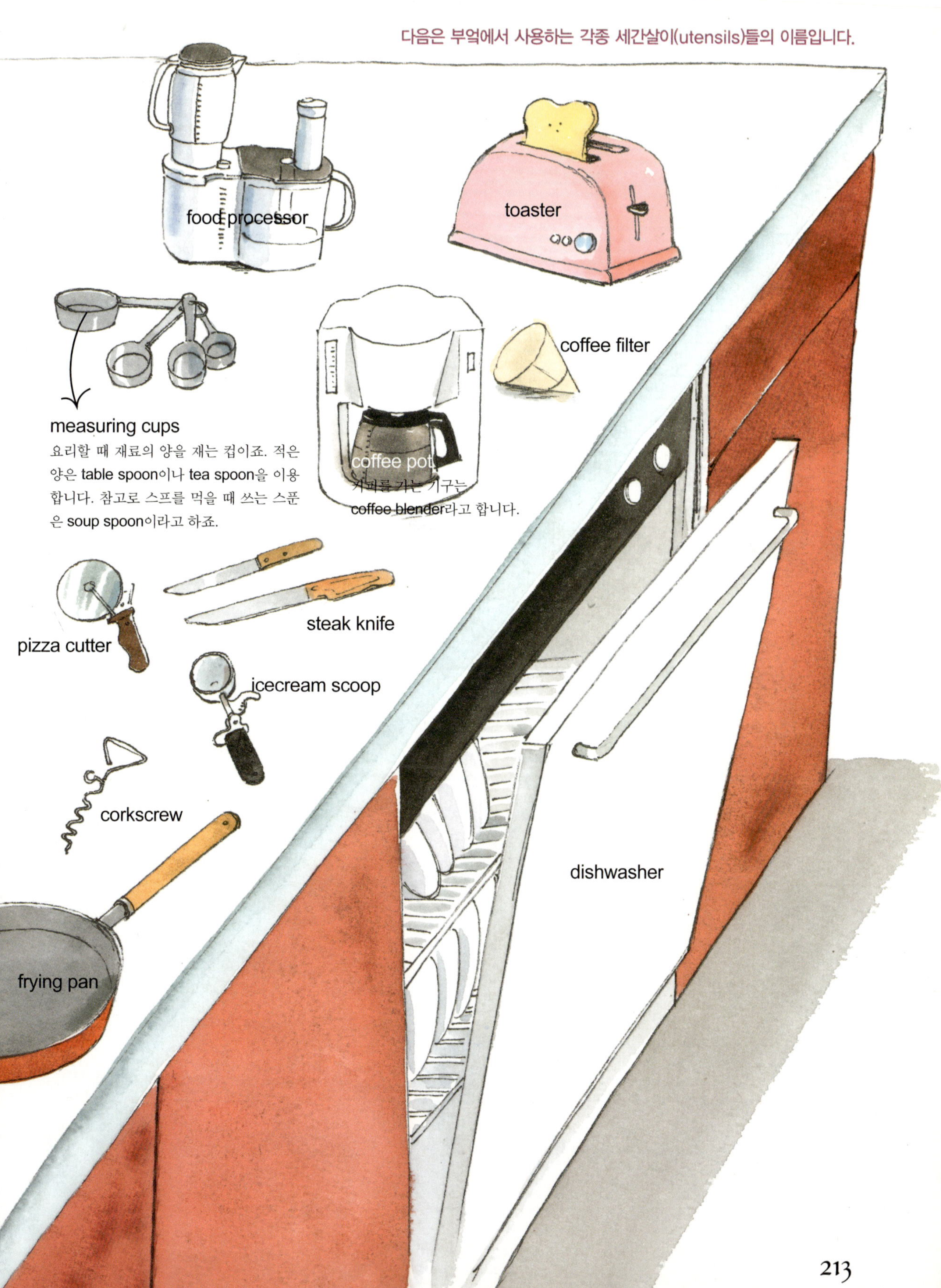

measuring cups
요리할 때 재료의 양을 재는 컵이죠. 적은
양은 table spoon이나 tea spoon을 이용
합니다. 참고로 스프를 먹을 때 쓰는 스푼
은 soup spoon이라고 하죠.

커피를 가는 기구는
coffee blender라고 합니다.

So can it be fixed?

근데 이거 고칠 수는 있을까요?

Conversation

(Karen arrives at the mechanic.)

Karen이 자동차 수리점에 도착한다.

Karen : Hello, I´m here to pick my car up. I brought it here to be repaired (= fixed, looked at) last week. Is it ready yet?

안녕하세요, 제 차를 가지러 왔는데요. 지난주에 차를 수리하러 맡겼거든요. 이제 다 되었나요?

Attendant : I´m not sure. What is your license plate number?

확실히 모르겠는데. 차 넘버가 어떻게 되지요?

Karen : I'll have to look (= see). It's written down.

봐야 아는데. 어디 적어놓았거든요.

(Gets out a piece of paper from her purse with the license number on it.)

가방에서 자동차 번호가 적힌 종이를 꺼낸다.

Karen : Here it is – 79 HAE1

여기 있어요. 79 HAE1 에요.

Attendant : What day did you bring it in?

어느 요일에 차를 가져오셨지요?

Karen : It was last Thursday.

지난주 목요일이었어요.

Attendant : Ah, yes. I remember now.

아, 네. 이제 기억이 나네요.

Karen : Have you finished repairing it yet?

이제 수리가 끝났나요?

Attendant : No, they should be still working on it. Let's go into the garage and take a look.

아뇨. 아직도 작업중일 겁니다. 정비소로 가서 한번 보지요.

(Walk into the mechanics garage together.)

정비소로 함께 걸어간다.

Attendant : Isn't this your car?

이게 손님 차 아닌가요?

Karen : Well, it was my car. It doesn't look like my car anymore though. I had a crash on the way to work. My tires skidded on the ice, and I drove it into a lamppost.

예, 제 차였지요. 이제는 내 차 같이 보이지가 않지만요. 출근하는 길에 충돌을 했어요. 차 타이어가 얼음에 미끄러져서 가로등을 들이받았어요.

Attendant : Wow, that sounds nasty!

어휴, 듣기만 해도 끔찍하네요.

Karen : Yea, It was scary. So can it be fixed?

네, 정말 끔찍했어요. 근데 이거 고칠 수는 있을까요?

Attendant : Well, were trying. But to tell you the truth, you might need a new door.

음, 저희가 최선을 다하고 있습니다. 하지만 사실 문짝 하나는 새로 갈아야 할 지도 모르겠어요.

I'm here to pick my car up.

[섹션 3]의 [Useful Expressions]에서 설명한 내용을 다시 상기시켜 드립니다.

pick the car _up_ / _pick up_ the car와 같이 목적어가 짧은 명사인 경우에는 편의에 따라 up을 목적어 앞이나 뒤에 쓸 수 있지만 **pick it up / pick me up**과 같이 목적어가 대명사인 경우에는 언제나 부사 up을 목적어의 뒤에 씁니다. 듣고 말하기에 더 자연스럽기 때문입니다. 전치사는 명사 앞에만 와야 하지만 부사는 편의상 목적어의 위치를 바꿀 수 있는 것입니다.

218

Is it ready yet?

누가 음식을 준비하고 있다거나 프로젝트나 프레젠테이션 등을 준비하고 있을 때 '다 되었느냐' 라고 물으려면 **Is it ready?**라고 하면 적절합니다. 외출할 채비를 하는 사람에게 다 했느냐고 물을 때도 **Are you ready?**라고 할 수 있습니다. 이렇게 물으면 **Are you done?** 하고 직접적으로 묻는 것 보다 채근하는 느낌이 덜 하고 좀더 완곡한 느낌을 줍니다.

I´ll have to look.

학생들 중에는 have to를 기능동사로 착각하는 이들도 있습니다. 일반동사 have와 to가 함께 쓰이면 조동사인 must나 should와 비슷한 뜻이 되기는 하지만 여기서 have는 여전히 일반동사입니다 (본서 1권의 [섹션 17]설명 참조). 의문문이나 부정문을 만들 때 Do you have to~ / You don´t have to~ 하고 기능동사인 do의 도움이 필요한 것을 보면 알 수 있지요.

must는 과거형이 없으며 미래형을 만들 수도 없습니다. 하나의 단문에서 조동사 두 개가 한꺼번에 쓰일 수는 없기 때문에 I will must look.(X)과 같은 표현은 존재하지 않습니다. 반면 **have to**는 과거형이 있고 미래를 나타내는 조동사의 will과 결합이 가능하지요.

What day did you bring it in?

이 문장에서 in은 in to the garage(이 차고로)라는 의미의 부사입니다. 이와 같이 전치사처럼 생긴 부사가 나오면 어렵게만 여기는 사람이 많습니다만, 뜻을 정확히 알고 쓰임에 익숙해지면 어려운 표현이 아닙니다. 다음의 예문들에서 쓰인 부사 in은 문맥에 따라 in to the office, in to the class, in to the building, in to our meeting 등을 의미할 수 있습니다.

| ex. : Will you bring _in_ (the) pictures from your vacation? |

　　　너 휴가 때 찍은 사진 좀 갖고 와라.

| ex. : I would bring _in_ my dog, but he is wet. |

　　　우리 강아지 안으로 데리고 들어오면 좋겠는데 몸이 젖어 있어서 말이야.

| ex. : If you bring _in_ your exam, we can look at it together. * |

　　　네 시험지 갖고 와 봐, 같이 한번 보게.

* 명령조로 말하는 대신에 이와 같이 조건절을 이용하면 표현이 완곡해집니다.
  | ex : She will bring in her car tomorrow.　　그 여자분 차 내일 여기로 갖고 올 거예요. |
  | ex : He said he would bring in his mother, so we can all meet her. |
  　　개가 자기 어머님 모시고 온다고 했어. 우리 모두 뵐 수 있도록 말이야.

No, they should be still working on it.

여기서 조동사 should는 '(앞뒤 정황 등을 보니) ~일 것 같다' 라는 가능성(likelihood)을 나타내고 있습니다.

조동사 뒤에는 동사가 원형부정사 꼴로 와야 합니다. They _are_ still working on it.이라는 문장에 should를 사용하면 다음과 같이 are를 원형동사인 be로 바꾸어야 합니다. They should _be_ still working on it.

Let's take a look.

영어에서는 위와 같이 동사를 명사형으로 바꾸어 만든 표현이 많습니다. 명사를 선호하는 언어라고 볼 수 있지요. 이밖에도 make a decision (decide), make an earning (earn), have a discussion (discuss), have a talk 등 비슷한 예를 흔히 볼 수 있습니다.

Well, it was my car. It doesn't look like my car anymore.

여기서 'was' 라는 be동사 과거형을 사용한 것은 일종의 냉소적인 표현입니다. 여전히 자신의 자동차이긴 하지만 찌그러져서 더 이상 자기 차처럼 보이지 않는다는 거지요.

on the way to work

⟨on the way to + 장소⟩ 구문은, '~로 가는 도중에' 라는 의미를 갖습니다.

| ex. : on the way home   집으로 가는 길에 |

| ex. : on the way to the hospital   병원에 가는 도중에 |

My tires skidded on the ice, and I drove it into a lamppost.

전치사 into는 어떤 경계선을 넘어 다른 곳으로 들어간다는 어감을 주는 말입니다. 지금까지 소개되었던 into의 용례를 봅시다.

− We are moving *into* the new apartment.

− Let′s go *into* the garage.

새 아파트로 이사 들어갈 때나 정비소를 들어갈 때는 입구를 지나서 안으로 들어가므로 into를 사용할 수 있습니다.

마찬가지로 본문의 I drove it into a lamppost.에서 **into**를 사용한 것은 가로등을 들이받으면 가로등이 찌그러지거나 기울어지는 등의 변형이 있기 때문입니다. 차가 가로등을 받으면 정도가 심하지 않아도 원래 가로등이 서 있는 경계를 지나게 되니까요. 반면에 차가 부딪힌(crashing) 것이 아니라 그냥 가로등 옆으로 스치기만 했다면 **against**를 사용합니다.

| ex. : My car scraped *against* the tree.   내 차가 나무 옆을 스쳐서 긁혔어. |

Wow, that sounds nasty!

nasty는 여러 다른 상황에서 미국인들이 즐겨 쓰는 격이 없는(informal) 구어체 어휘입니다. 지독한 감기나(nasty cold), 저녁식사가 엉망이었을 때(nasty dinner), 아주 거만하게 (snide, stuck-up) 굴어서 가까이 하기 싫은 사람에게나(He′s being nasty.), 밖에 비가 오거나 비바람이 칠 때도 It′s nasty out there.(지금 밖에 날씨 너무 안 좋아) 하고 말하는 것을 흔히 들을 수 있습니다.

You might need a new door.

여기서 might는 may의 과거형으로 쓰인 것이 아니라 '불확실한 미래의 가능성'을 나타냅니다. **You might need~** / **You might want to**~는 구어체에서 아주 자주 사용되는 표현이기 때문에 알아두면 유용합니다. **might**는 '혹시 ~할지도 모른다'는 의미이므로 충고나 제안을 할 때 사용하면 상대방의 기분을 상하지 않게 하면서 완곡하게 표현할 수 있습니다.

| ex. : You *might* see Jim on campus.　　너 학교에 가면 짐을 만날지도 모르겠네. |

| ex. : I *might* stop by later.　나 나중에 들를지도 몰라. |

| ex. : He *might* have a stroke.　그분은 뇌졸중에 걸릴 수도 있습니다. |

| ex. : You *might* want to take your umbrella today. |

　　　너 오늘은 우산을 갖고 가는 게 좋겠다.

다음은 평서문을 의문문과 부정문으로 바꾸는 연습입니다.

① 중급 이상의 독자들은 교재를 덮고 테이프만으로 문제를 풀어 볼 것을 권합니다.

② 먼저 테이프에서 나오는 보기를 듣고 따라 하십시오.

③ 그 다음 1번부터 문장을 듣고 소리 내어 답합니다.

④ 테이프의 답을 듣고 따라 합니다.

⑤ 아직 듣기가 힘들면 빈칸에 답을 적은 후에 테이프를 따라 소리 내서 연습하십시오.

⑥ 주어진 답은 제일 나중에 확인하십시오.

> ex.) He bought a car last year.
>
> → Question : *Did he buy a car last year?*
>
> → Negative : *He didn´t buy a car last year.*

1. She found a mechanic last week.

→ Question : ______________________________________

→ Negative : ______________________________________

2. He got a new television (TV) last year.

→ Question : ______________________________________

→ Negative : ______________________________________

3. She heard the news on the radio.

→ Question : _______________________________________

→ Negative : _______________________________________

4. They left this morning.

→ Question : _______________________________________

→ Negative : _______________________________________

5. He lost his wallet yesterday.

→ Question : _______________________________________

→ Negative : _______________________________________

Number Drill

1) 다음은 미국생활에서 필요한 달러의 액수를 듣고 이해하는 연습입니다. 미국화폐의 단위는 dollar이며 1dollar는 100cents로 이루어져 있습니다.

2) 지폐로는 **one dollar bill**, **two dollar bills**(드물지만), **five dollar bills, ten dollar bills, twenty dollar bills, fifty dollar bills** 등이 있으며

3) 동전은 **pennies**(one cent, 0.01dollar), **nickels**(five cents. 0.05dollar), **dimes**(ten cents, 0.10dollar), **quarters**(twenty five cents, 0.25dollar) 등이 있습니다. **quarter**는 1/4을 의미하고 0.25는 1.00의 1/4이므로 25cent짜리 동전을 **a quarter**라고 부르는 겁니다. 가끔 기념으로 제조되는 half dollar coins(50cents)나 one dollar coins(100cents)도 있습니다.

4) One dollar의 자투리로 남는 센트 단위까지 계산을 해야 하므로 소수점 이하 두 자리까지가 표시됩니다(ex. : $12.50, $10.00, $39.99). 상품의 경우 조금이라도 싸게 보이기 위해서 1 cent를 깎아서 이와 같이 사실상 40불이지만 30불 대인 것처럼 느껴지게 가격을 맞춰서 파는

경우가 허다합니다.

5) 그냥 숫자라면 소수점 이하를 읽을 때 thirty nine point nine nine 하고 읽지만 <u>달러를 읽을 때는 달러의 단위와 센트의 단위를 묶어서 thirty nine dollars and ninety-nine cents</u> 하고 읽습니다. 구어체에서는 단위와 and를 생략하고 숫자만 읽는 경우가 대부분입니다.

6) 달러는 (소수점 이하를 읽을 때를 제외하고는) 일반 숫자와 같은 방식으로 읽는 것이 원칙이지만, 구어체에서 유행하는 방식도 알아두면 매우 요긴할 것입니다. 보통 4자리 숫자의 경우에 3자리 단위로 끊어 읽는 원래의 방식을 따르지 않고 마치 연도(year)를 읽듯이 두 자리로 끊어 읽는 일이 매우 흔합니다. 예를 들어 3,500불을 **thirty five hundred dollars**, 2,000불을 **twenty hundred**라고 읽는다는 말입니다.

A. 다음의 금액을 순서대로 듣고 따라 하세요.

$3.50	$40.50
$60.99	$10.50
$10.99	$12.60
$30.28	$25.99
$3.25	

---

three fifty (three dollars and fifty cents) | forty fifty (forty dollars and fifty cents) | sixty ninety nine (sixty dollars and ninety-nine cents) | ten fifty (ten dollars and fifty cents) | ten ninety-nine (ten dollars and ninety-nine cents) | twelve sixty (twelve dollars and sixty cents) | thirty twenty-eight (thirty dollars and twenty-eight cents) | twenty-five ninety-nine (twenty-five dollars and twenty-nine cents) | three twenty-five (three dollars and twenty five cents)

B. 이제 테이프를 듣고 숫자를 빈칸에 받아쓰십시오.

1. It is ____________.

2. It is ____________.

3. It's ____________.

4. It's ____________.

5. It's ____________.

6. It's ____________.

7. <u>They</u>* are ____________.

8. <u>They</u>* are on sale for ____________.

* shoes나 jeans처럼 아이템 자체를 복수 취급해야 하는 물건의 가격을 읽을 때에는 it이 아니라 지시대명사 they를 사용해야 한다는 것을 잊지 마십시오.

---

1. seven dollars and ninety-nine cents. (7.99) | 2. eighty-six dollars and seventy-two cents. (86.72) |
3. two hundred fifty nine dollars and ninety-five cents. (259.95) | 4. twenty forty-five. (20.45) | 5. ten seventy-nine. (10.79) |
6. twelve dollars and sixty cents. (12.60) | 7. sixty-five dollars and ninety-eight cents. (65.98) |
8. forty-nine dollars and ninety-nine cents. (49.99)

수동태

수동태는 목적어가 있을 때에만 존재하는 개념입니다. 우리말에도 수동태가 있으므로 개념은 새롭지 않습니다. 영어의 수동태는 변화형이 일정하므로 몇 문장 연습해 보면 금세 익숙해질 수 있습니다. 수동태는 〈기능동사 be + 문장 본동사의 과거분사형〉으로 이루어집니다. 다음의 예문들을 보십시오.

1A : My dad *fixed* the radio.　　우리 아빠가 그 라디오 고쳤어.

1B : The radio *was fixed*.　　그 라디오 고쳐졌어.

2A : My wife *took care of* the matter.　　제 아내가 그 문제는 해결했어요.

2B : The matter *was taken care of*.　　그 문제는 다 처리되었어요.

1A의 the radio는 동사 fix의 목적어이며 2A의 the matter는 전치사 of의 목적어입니다. 문장 2A는 〈동사 + 명사 + 전치사〉로 이루어진 타동사구로서 목적어를 취할 수 있습니다. 2B에서 보는 것처럼 수동태로 변화할 때에 동사구 전체가 함께 움직이는 것에 유의하십시오.

문장을 수동태로 전환할 때에 또 한 가지 유의할 사항은 시제를 건드리지 않고 그대로 옮기는 것입니다. 문장의 태를 바꾸는 것이지 시제를 바꾸는 것이 아니기 때문입니다. 시제가 그대로 옮겨지는 것에 유의하면서 각 예문을 보십시오.

영어에서는 수동태가 매우 자주 쓰입니다. 위의 수동태 문장을 보면 주체가 누구인지에는 초점이 없다는 것을 알 수 있습니다. 주체가 누구인지가 중요하지 않을 때나 당연할 때에는 수동태를 사용하면 문장이 훨씬 깔끔해집니다. 무엇보다 수동태 문장은 간단하기 때문에 미국인이 애용하는 말투입니다. 계속해서 아래에 주어진 예문들을 보면서 수동태 문장에 익숙해지기 바랍니다.

3A : I *wrote* the number down.　　내가 그 번호 적어놨어요.

3B : It*'s written down*.　　그거 적혀 있어요.

4A : Can the mechanic _fix_ the car?　　자동차수리공이 이 차를 고칠 수 있을까요?

4B : Can the car _be fixed_?　　이 차 고쳐질까요?

5A : The police _arrested_ a young man.　　경찰이 한 젊은 청년을 체포했어.

5B : He _was arrested_ (by the police).　　그 애 체포되었어.

6A : My boss does not _allow_ me to leave work early.

　　우리 사장은 내가 일찍 퇴근하는 거 허용하지 않아.

6B : I'_m_ not _allowed_ to leave work early.　　난 일찍 퇴근 못해.

다음은 수동태에서 주체가 누구인지 표시할 때에 by 대신에 다른 전치사가 주로 쓰이는 (surprise는 예외) 동사들입니다. 영어단어를 접할 때마다 그 단어의 의미를 정확하게 새기는 것이 중요합니다. 예를 들어 surprise의 뜻은 '~를 놀라게 하다' 이므로 주어가 놀랐다고 하려면 수동태를 사용해야만 하는 것입니다. 마찬가지로 interest도 '~에게 흥미를 주다' 이므로 주어가 어떤 것에 흥미를 가지고 있다고 표현하려면 수동태를 사용해야 하는 것입니다.

7A : The book _interests_ me.

7B : I'_m interested in_ the book.

이 경우에 전치사 by를 쓴다고 해도 아주 이상하지는 않지만 **by** 뒤에는 주로 뭔가 능동적인 것이 오는 것이 자연스러우며 그런 의미로 쓰일 때가 흔치 않으므로 **be interested in** ~ 이 훨씬 흔히 쓰이는 것입니다.

| ex. : I _am interested by_ his expression. |

　　난 그 사람의 표현 때문에 관심을 갖게 되었어. (= He got me interested in it.)

8A : The news _surprises_ me.

8B : I'_m surprised by_ the news.

9A : Our conversation _pleased_ me.

9B : I _was pleased with_ our conversation.

9B의 문장은 I _was pleased by_ our conversation.이라고 말해도 틀리지는 않습니다. 이와 같

이 **by**를 사용하면 초점이 I was pleased의 주어 **I**에 있게 됩니다. 내 마음이 흡족했다는 것을 전하는 데에 초점이 있는 거죠. 반면에 **with**를 사용하면 그 보다 **conversation**에 초점이 맞춰집니다. 함께 나눈 대화가 좋았음을 나타내려는 말인 겁니다.

아래의 표현도 마찬가지로 수동태에서 by를 쓰면 the mountain에 초점이 맞춰지고, with를 쓰면 snow에 초점이 맞춰지는 것입니다.

10A : The mountain *is covered with* snow.

10B : The mountain *is covered by* snow.

지금까지는 주어와 목적어의 관계에서 수동형을 보았고 본문에 쓰인 아래의 문장은 목적어와 목적보어의 관계가 수동인 경우입니다. **it**이 the car를 의미하며 **to be repaired**가 목적보어지요. 익숙하지 않은 문장이 나올 때마다 문장구조를 제대로 이해하고 익숙해지도록 꾸준히 연습을 해야 실력이 늡니다.

− **I brought it here to be repaired(fixed, looked at) last week.**

능동태로 된 문장을 수동태로 전환하는 연습입니다. 다시 한 번 강조하지만 태를 바꾸는 것은 말의 초점을 바꾸는 것입니다. 수동태는 주어 자리로 옮겨 오는 내용에 초점을 맞춰 이야기하고자 하는 것이므로, 굳이 이야기할 필요가 없는 부분은 괄호 안에 넣었습니다.

① 중급 이상의 독자들은 교재를 덮고 테이프만으로 문제를 풀어 볼 것을 권합니다.

② 먼저 테이프에서 나오는 보기를 듣고 따라 하십시오.

③ 그 다음 1번부터 문장을 듣고 소리 내어 답합니다.

④ 테이프의 답을 듣고 따라 합니다.

⑤ 아직 듣기가 힘들다면 빈칸에 답을 적은 후에 테이프를 따라 소리 내서 연습하십시오.

⑥ 주어진 답은 제일 나중에 확인하십시오.

> ex.) They clean the building every night.
>
> → *The building is cleaned every night.*

1. The dog bit the boy.

→ _______________________________________

2. James will present the research at the conference.

→ _______________________________________

3. Scientists have conducted experiments to test the hypothesis.

→ ____

4. Seeing my professor at the coffee shop reminds me of the homework
   I need to finish.

→ ____

5. My Grandma made the meringue pie.

→ ____

6. Joe will fix (= repair) her car.

→ ____

7. Professors have posted grades.

→ ____

8. His brother built the tree house.

→ ____

9. Kathy will prepare a special meal for dinner this evening.

→ ____

10. Kindergarten kids have painted all these pictures.

→ ____

1. The boy was bitten (by the dog). | 2. The research will be presented (by James) at the conference. |
3. Experiments have been conducted to test the hypothesis. |
4. I am reminded of the homework I need to finish (by seeing my professor at the coffee shop). |
5. The meringue pie was made by my Grandma. | 6. The car will be fixed (= repaired) (by Joe). |
7. Grades have been posted (by professors). | 8. The tree house was built (by his brother). |
9. A special meal will be prepared (by Kathy) for dinner this evening. | 10. All these pictures have been painted by kindergarten kids

If you want to make an offer of $90,000, I can do the necessary paperwork.

9만 불을 제안하시겠다면, 필요한 서류처리는 제가 해 드리겠습니다.

Conversation

다음 conversation의 내용을 먼저 듣고 따라 한 후 본문을 보시기 바랍니다.

(A couple is looking at a house with their realtor.)

한 부부가 부동산 중개인과 집을 구경하고 있습니다.

Realtor : This is a two-bedroom home.

이건 방 두 개짜리 집입니다.

Woman : May we see the kitchen, please?

부엌 좀 볼 수 있을까요?

Realtor : Of course, right this way (= Come right this way).

물론이죠. 바로 이쪽입니다.

Man : This is a good-looking kitchen. How many bathrooms does the house have?

부엌이 멋지네요. 욕실은 몇 개인가요?

Realtor : One and a half.

한 개 반입니다.

Woman : Why do the owners want to sell it?

이 집주인은 집을 왜 내놓은 건가요?

Realtor : They are going to have a second child. They want more room. They have lived here for five years.

그분들이 둘째 아이를 가질 거라 더 넓은 집이 필요하기 때문이지요. 그분들 여기서 5년 살았어요.

Man : I like this house. But how much does it cost?

난 이 집 마음에 들어요. 그런데 가격이 얼마인가요?

Realtor : The asking price is $100,000.

제시 가격은 10만 불입니다.

Woman : That seems like a lot.

그건 좀 비싼 거 같은데요.

Man : It looks like the basement floor needs to be fixed.

지하 마루바닥은 수선이 필요한 것 같은데.

Woman : We could offer $90,000. But I think $100,000 is too much.

저흰 9만 불은 낼 수 있지만 10만 불은 너무 비싼 것 같아요.

Realtor : If you want to make an offer of $90,000, I can do the necessary paperwork. It will take about twenty-four hours.

9만 불을 제안하시겠다면, 필요한 서류처리는 제가 해 드리겠습니다. 24시간 정도면 처리가 됩니다.

Man : We like the house, but we can´t decide yet. May we see some other homes?

이 집이 마음에 들기는 한데 아직 결정을 할 수는 없습니다. 다른 집들도 좀 볼 수 있겠습니까?

Realtor : Of course! I have another house to show you. It is not far away and it is very nice. It has a large backyard.

물론이죠. 또 하나 보여드릴 집이 있습니다. 여기서 멀지도 않고 아주 좋은 집입니다. 뒤뜰이 넓은 집이에요.

This is a two-bedroom home.

위 문장에서 two-bedroom이 home을 꾸며 주고 있습니다. 명사로 쓸 때에는 **There are two bedrooms**. 하고 bedroom을 복수형으로 써야 하지만 다른 명사를 꾸며줄 때 (형용사 역할)는 복수형 's' 를 붙이지 않습니다. 다른 몇 가지 예문들을 비교해 보십시오.

| ex. : I have a _five-year-old_ boy.　　난 다섯 살 된 사내아이가 하나 있어. |
　　　　James is _five years old_.　　제임스는 다섯 살이야.

| ex. : It is a _five-story_ building.　　그건 5층 건물이야. |
　　　　It has _five stories_. (= floors)　　그건 5층짜리야.

| ex. : I have a _five-dollar_ bill.　　나한테 5불짜리 지폐가 하나 있어. |
　　　　I have _five dollars_.　　나한테 5불 있어.

This is a good-looking kitchen.

구어체에서 **good-looking**은 사람뿐 아니라 자전거나 차, 동물, 의복 등의 다른 사물에도 쓰이는 형용사입니다. 말 그대로 보기에 좋다는 뜻이지요.

one and a half bathrooms

미국 신문에서 집이나 아파트의 월세나 매매 광고란을 보면 욕실 개수를 말할 때 **one and a half**나 **two and a half**라고 적혀 있는 것을 흔히 볼 수 있습니다. 일반적으로 욕조나 샤워시설이 있어서 목욕을 할 수 있는 욕실을 한 개로 보고 변기와 세면대만 있는 화장실은 반 개로 취급을 합니다.

They want more room.

여기서 **room**은 방을 의미하는 것이 아니고 공간(space)을 의미하는 무가산명사입니다. 방을 의미한다면 셀 수 있는 명사이므로 rooms라고 해야 하겠지요.

They have lived here for five years.

현재완료에 대한 설명은 [섹션 14]의 [Useful Expressions I]을 참조하십시오.

It looks like the basement floor needs to be fixed.

이 때 The basement floor needs repairing.이라고 해도 같은 의미가 됩니다. **need**나 **want**의 뒤에 쓰이는 동명사는 수동의 의미를 갖기 때문입니다. 이와 같이 수동의 형태가 아니더라도 수동의 의미를 띠는 경우가 종종 있습니다. 예를 들어 **The book sells well**. (그 책 잘 팔립니다.)은 능동태이지만 수동의 의미를 갖습니다.

미국에서는 보통 건물의 지하층을 **basement floor**라고 하고 1층은 **ground floor** (on the ground (땅 위에)라는 말이니까 1층을 의미하겠죠), 혹은 **first floor**, 2층은 **second floor**라고 합니다. 반면에 영국에서는 1층을 ground floor라고 하고 그 위층(미국의 2층)부터 first floor로 새로 시작하기 때문에 두 문화를 왕래하는 사람은 문화적인 차이에 혼동을 겪을 수 있습니다.

We could offer $90,000.
But I think $100,000 is too much.

여기에 사용된 could도 [섹션 4]에서 사용된 could와 같이 가정적인 표현입니다. [섹션 4]를 참고하십시오.

위의 문장을 보면 **money**가 셀 수 없는 명사이므로 '양적으로 많은' 이라는 의미의 **much**를 사용하고 있습니다. **much**는 '양' 과 관계된 말이므로 셀 수 있는 명사에는 사용되지 않습니다.

too much는 쓰이는 상황에 따라서 얼마든지 뜻이 달라질 수 있습니다. 가격에 대해서라면 너무 비싸다는 말이 되겠고 벽장식에 대해서 이렇게 말하면 너무 장식을 많이 꾸며 놓아서 복잡하다는 말이 되지요. 뭐든지 양이 지나치게 많다고 할 때에 쓸 수 있는 말입니다.

↘ 돈 - 셀 수 없는 명사

영어에서 돈(money)이 셀 수 없는 명사로 간주된다는 사실이 이해하기 어려울 수도 있습니다.
하지만 우리가 계산하는 돈은 정확하게 말해서 돈의 '단위' 인 원화나 달러이지, 돈 자체는 아닙니다.
돈 자체는 하나의 물질명사이기 때문에 셀 수 없는 명사에 속하는 것입니다. 셀 수가 없기 때문에 각 국가마다 통화의 단위를 정해 놓고 있는 것 아니겠습니까?

If you want to make an offer of $90,000,
I can do the necessary paperwork.

미국에서는 집을 매매하는 당사자들이 가격을 흥정하는 것도 법적인 계약의 일부이므로 가격 흥정이 이루어질 경우에 그 과정을 부동산 중개업자가 날짜와 함께 공식적으로 문서화해야 하며, 이 문서는 24시간이 지난 후에 효력을 발생합니다.

⭨ 조건절

조건절은 크게 두 가지로 나뉩니다.

첫번째 범주에 속하는 조건절은 '조건의 내용이 (현재나 미래에) 실현될 수도 있고 실현되지 않을 수도 있는 두 가지 가능성을 동시에 갖고 있는' 것입니다. 우리가 흔히 사용하는 일반적인 조건절이 이에 해당합니다.

두번째 범주에 속하는 조건절은 '조건의 내용이 (현재나 미래에) 실현될 가능성이 적은' 가정적인 조건입니다. 이것이 우리가 가정법시제에 사용하는 조건절입니다.

두 번째 범주에 속하는 조건절은 상대방에 대한 예의를 갖춰 말할 때에 유용하게 쓰입니다. 예를 들어서 창문을 열어도 괜찮겠냐고 상대방에게 물을 때에 예를 갖추어 Would you mind if I opened the window?라고 할 수 있습니다. 이와 같이 '실현될 가능성이 적은 가정절'을 사용하면 '당신이 허락하지 않는다면 창문을 열지 않겠다'는 의미가 내포되어 있습니다. 상대의 의견을 배려하는 마음이 깃들어 정중한 표현이 되는 것입니다.

두번째 조건절은 듣는 사람이 실현 가능성이 희박함을 (문법적으로) 미루어 알 수 있지만 첫번째 조건절은 조건이 이루어질 것인지 아닌지에 대해서 아무런 가능성을 내포하지 않기 때문에 '(가능성이) 열린 조건'이라고 부릅니다. 다음은 열린 조건의 예들입니다.

| ex. : What can I do if I get lost?　　나 길을 잃어버리면 어떻게 해야 하지? |
| ex. : If it rains, we will put it off.　　비가 오면 우리 이거 연기할거야. |

May we see some other homes?

부동산업을 하는 사람들은 houses라는 단어보다 **homes**를 즐겨 쓰는 경향이 있습니다. 아마도 home이 좀더 따뜻한 가정의 이미지를 주기 때문이 아닐까 생각됩니다.

ladder
fish tank
mop
fertilizer
bird feeder
새가 목욕할 수 있는 물쟁반은
birdbath라고 부릅니다.
dog dish
birdhouse
mouse trap
곤충을 잡는 스프레이는 bug(insect) spray라고 하며,
살균 스프레이는 disinfectant spray라고 부릅니다.
thumbtacks
socket wrench
toilet paper
휴지를 다 쓰고 나면 그 속에 toilet paper roll이 나오
지요. 이와 다르게 kleenex라고 하면 티슈를 의미합
니다. 그리고 우리가 키친타월이라고 부르는 것은
paper towel이라고 합니다.
screws
nails
못은 hammer로 박지요.
electric drill
wrenches

다음은 가정에서 사용하는 각종 도구와 공구들의 이름입니다.
fish pond
spade
rake
hoe
자루가 긴 낫은 hedge clipper라고 하지요.
garbage can
재활용품을 담는 용기는 recycling container라고 부릅니다.
snow shovel
axe
bucket
wheelbarrow
chain saw
sprinkler
hose
정원에서 쓰는 기구를 말하자면 lawn mower(잔디깎이)도 빼 놓을 수 없겠죠?
duct tape
보통 도관을 연결하는 데 쓰는 은색 테이프입니다. 투명한 것은 scotch tape나, see-through tape라고 하지요. 또 종이끼리 붙일 때는 glue를 사용합니다.
scissors
gardening gloves
lysol
청소할 때 소독용으로 사용합니다.
창문을 청소할 때는 windex를 사용하지요.

Let's Practice

다음은 듣고 말하고 받아쓰는 연습입니다.

① 먼저 테이프를 듣고 문장을 따라 말합니다.

② 한 문장을 여러 번 따라 한 후에 연습장에 들리는 그대로 받아쓰기를 합니다.

③ 받아쓰기를 한 후에 받아 적어 놓은 것과 주어진 답을 비교합니다.

④ 발음이 들렸던 그대로 적으셨죠? 그렇다면 받아 적어놓은 것이 그 문장의 올바른 발음입니다.

⑤ 각 문장을 받아 적어놓았던 대로 발음하는 연습을 하십시오.

1.

2.

3

4.

5.

6.

---

1. If you have any questions, please call me. | 2. We can go out to dinner tonight if you want to. | 3. If you call me tonight, we can set up a meeting. | 4. If you want to come over, I will be home at six o'clock. | 5. If you haven't finished, maybe we can work together. | 6. I will be mad if she doesn't show up.

I don´t have very much with me.

지금 내 수중에 돈이 별로 없거든.

(Anna and Paul are going to have a dinner party at their house for their friends.)

Anna와 Paul은 친구들을 집으로 초청해서 디너파티를 열기로 되어 있습니다.

Paul : What are you doing, Anna?

뭐하고 있어요, Anna?

Anna : I am making a shopping list, Paul. We need to go to the store soon.

지금 쇼핑 목록을 적고 있어요, Paul. 우리 곧 가게에 가야겠어요.

Paul : What do we need for the party?

파티에 뭐가 필요하지요?

Anna : We need a lot of things. I need to go to the grocery store first. We don't have any coffee or tea, and we don't have dessert at all.

필요한 게 아주 많아요. 먼저 식료품가게부터 가야 돼요. 우리 지금 커피나 티도 없고 후식도 전혀 없거든요.

Paul : What about vegetables for the dinner?

저녁식사에 필요한 야채는 있어요?

Anna : We have a few tomatoes, but we need a lot of potatoes. I am going to the florist, too.

토마토는 몇 개 있는데 감자가 많이 필요해요. 꽃집에도 가야 하겠고요.

Paul : Why?

왜요?

Anna : Some flowers on the table would be pretty.

테이블 위에 꽃이 좀 있으면 예쁠 것 같아서요.

Paul : I will come with you to the store. I am going to get some good wine.

나도 같이 가야겠는데요. 난 근사한 와인을 좀 사와야겠어요.

Anna : I hope you have some money, Paul. I don't have very much with me.

Paul, 당신한테 돈이 좀 있어요? 난 지금 수중에 돈이 별로 없거든요.

Paul : Yes, I do. It's in my wallet.

응, 나한테 있어요. 내 지갑 안에.

Anna : Good. Let´s go.

그럼 됐네요. 갑시다.

I need to go to the grocery store first.

찬거리를 사기 위해 시장을 보러 간다고 할 때는 go to the grocery store, go grocery shopping, 혹은 I have to shop. (나 쇼핑해야 해) 등으로 표현합니다.

We don´t have any coffee or tea,
and we don´t have dessert at all.

위 문장에서와 같은 부정문에 any(조금도)와 at all(전혀)이 쓰이면, not과 같은 부정어를 강조합니다.

어떤 곳에 잠깐 들른다는 말을 어떻게 표현할까요?

돈이 다 떨어졌을 경우 현금자동지급기에 들러 돈을 뽑아야겠다고 말할 수 있습니다. 다음과 같이 표현하면 되겠지요.

— I need to **stop by** a cash machine.

'잠깐 들르다' 는 stop이나 drop으로 표현할 수 있습니다. 그 뒤에 오는 전치사나 부사는 어떤 경우에 어떤 것을 쓰는지 보도록 합시다.

주로 '집과 같은 곳에 들르다' 라고 할 때에는 **by**를 사용하고(stop by a house), '건물 안의 사무실과 같은 장소에 들르다' 라고 할 때에는 **in**을 사용하는 것이 일반적이지만(stop in an office) stop by an office 라고 해도 무방합니다. 하지만 (예를 들어) 야외에 있는 노점과 같은 곳에 들른다고 할 때에는 in을 쓰지 않습니다. 건물 안의 사무실에 들어갈 때에 in을 쓰는 것을 생각해 보세요.

멈춤 표지 앞에서 멈춘다고 할 때에는 **stop at** a stop sign이라고 하면 되고, ATM이나 자판기에 들른다 면 **stop by** a machine 혹은 **stop at** a machine 으로 표현할 수 있겠습니다.

What about vegetables for the dinner?

[섹션 7]에 나온 What about~ 구문에 대한 설명을 참조하십시오.

We have a few tomatoes, but we need a lot of potatoes.

[섹션 5]에서 a few와 a lot of 등을 다룬 바 있습니다. 하지만 미국에서도 일반 구어체에서는 셀 수 있는 명사에 '양'에 쓰는 단위를 사용하는 일이 빈번히 일어나기 때문에 짚고 넘어가야 하겠습니다. 일상 구어체는 물론이고 심지어 뉴스에서까지 **a bunch of people, tons of people**과 같이 셀 수 있는 명사를 불가산(셀 수 없는)명사처럼 양적으로 표현하는 것을 어렵지 않게 들을 수 있답니다. 원래 **a bunch of**는 꽃이나 채소 등의 한 묶음을 이를 때 쓰는 말이므로 사람에게 쓰는 것이 우습지만 너무나 일반화되어 구어체에서는 무리 없이 받아들여지고 있습니다. 물론 미국인 중에도 올바른 언어사용에 민감한 사람들은 질색을 합니다. 그리고 학술논문 등 공식영어를 사용해야 하는 경우에도 적합하기 않으므로 주의를 해야 합니다.

Some flowers on the table would be pretty.

[섹션 11]에 나온 That _would_ be fun.의 would와 같은 용례입니다. 'Some flowers on the table' 이 '식탁 위에 꽃이 좀 있다면' 이라는 의미가 되어 가정법 문장을 만드는 것입니다.

I am going to get some good wine.

'물건을 구입하다' 라는 의미를 표현할 때는 **get, buy, find, purchase** 등 다양한 동사를 사용할 수 있습니다. 동사마다 그 쓰임의 차이를 보도록 합시다.

– _Buy_ me some ice cream.

buy는 주로 내가 돈을 지불하는 것이 아니라 상대방이 돈을 지불하고 사는 경우에 쓸 수 있는 말입니다. 주로 아이들이 부모에게, 혹은 아내가 남편에게 뭘 사달라고 조를 때에 이렇게 말하겠지요?

– _Get_ me some ice cream.

이렇게 말하면 상대방이 돈을 지불할 수도 있겠지만 내가 상대방에게 돈을 주고 물건을 사다달라고 할 경우에도 사용할 수 있습니다.

— I need to *find* some baby oil

상점 안에서 종업원이나 옆 사람에게 어떤 물건을 구입하려고 찾고 있다고 얘기할 때에는 이렇게 **find**를 사용하는 것이 더 적절할 것입니다.

I hope (that) you have some money, Paul.

이 문장은 평서문으로 쓰여 있지만 사실은 질문과 마찬가지입니다. 이렇게 hope를 사용하면 "너 돈 좀 있냐?" 라고 직접적으로 묻는 대신에 보다 완곡하게 돌려서 표현하는 말투가 됩니다.

↘ that절이 문장에서 동사의 목적어로 쓰인 경우

I hope (that) you have some money, Paul.은 또 다른 문장(that이 이끄는 명사절)이 목적어로 사용되고 있는 구조입니다. 그렇지만 모든 동사가 위와 같이 **that**이 이끄는 명사절을 목적어로 취할 수 있는 것은 아닙니다.

that절이 동사의 목적어로 쓰이는 용례를 몇 가지 소개합니다. 이런 구조로 사용되는 동사를 접할 때마다 반복하여 연습하고 응용하면서 자기 자신의 표현으로 만들기 바랍니다.

A : I *think* (that) I need a break. 　난 휴식이 좀 필요한 거 같아.

B : She *believes* that he is perfect. 　그녀는 그 사람이 완벽한 줄 알아.

C : *I know* (that) you are sad. 　네 마음이 안 좋은 것 알아.

D : He *understands that* you are having a tough time.

　그 사람도 네가 어려움을 겪고 있다는 것 잘 알고 있단다.

E : I *hear (that)* that new movie is really good.

　내가 듣기로는 새로 나온 그 영화 아주 괜찮대.

F : I *hear (that)* your cousin is coming to town.

　듣자니까 네 사촌이 여기 온다며.

문장 E는 명사절을 이끄는 접속사 **that**이 생략된 것입니다. 문장 안에 있는 that은 지시형용사로서 that new movie(새로 나온 그 영화)의 that입니다.

문장 E의 hear와 문장 F의 hear에는 약간 차이가 있습니다. 첫 문장은 그 새로 나온 영화가 좋다는 소문을 계속 듣고 있기 때문에 현재형으로 쓴 것이지만 두 번째 문장의 hear는 heard로 과거가 되어야 하는 것을 현재형으로 쓴 것뿐입니다. 우리말로도 "듣자니까 너 결혼한다며?" 하는 식으로 그 정보를 들은 것은 과거지만 현재로 표현하는 경우가 많지요?

I don´t have very much with me.

이 문장은 이렇게 표현할 수도 있습니다. I don´t have much. I only have a few dollars. 'money(돈)' 는 셀 수 없는 명사이므로 much를 사용하고 있는 것을 또 확인할 수 있습니다. 반면에 (이전 섹션에서 언급한 것처럼) 통화의 단위인 **dollar**는 셀 수가 있으므로 앞에 셀 수 있는 명사에 사용하는 **a few**가 오고 복수형으로 사용될 수 있는 거죠.

Let´s go.

이 표현은 다음과 같이 바꾸어 표현할 수 있습니다.

– Let´s get going.

– Let´s hit the road.

– Let´s take off.

다음은 문장에 나오는 명사의 성격에 따라 'any'를 'many'나 'much'로 바꿔 문장을 완성하는 연습입니다. 문장 안의 명사가 가산명사일 경우에는 many, 불가산명사인 경우에는 much를 쓰면 됩니다.

> ex.) I don't have any eggs.
>
> → *I don't have many eggs.*
>
> He doesn't have any coffee.
>
> → *He doesn't have much coffee.*

1. I don't have any butter.

→ ____________________________________

2. You don't have any cigarettes.

→ ____________________________________

3. We don't have any milk.

→ ____________________________________

4. She doesn´t have any bread.

→ ____

5. They don´t have any toilet paper.

→ ____

sunshine
bushes
policewoman
policeman
미국경찰이 사람들의 접근을 막기
위해 세워놓는 노란색 플라스틱 테
이프는 caution tape라고 합니다.
trees
water fountain
front yard
bike
speed limit sign
50
police cars
POLICE
요즘은 자전거와 함께
roller blades도 많이 타지요.
the street light
red blinking light
yellow blinking light
beggars
pedestrians
the crosswalk
buses
siren
one way sign
ONE WA
dog poop
fire hydrant
ambulance
STOP
stop sign

train tracks
railroad tracks라고도 합니다.

four way stop
네 방향 모두 stop sign, 일단 멈춤 표시가 되어 있는 곳입
니다. 미국은 우리나라와 교통규칙이 달라 멈춤 표시에 먼
저 멈춘 차 순서대로 출발할 수 있습니다.

subway

people running around

construction
공사현장

ot hole
리는 보통
an hole이라고
르죠.

"men at work" sign

cement
아직 굳지 않은 시멘트는 wet cement라고 하고, 같은 원
리로 아직 마르지 않은 페인트는 wet paint라고 합니다.

little kids

ickpocket

cars

taxi
cab이라고도 합니다. 그림을
보면 교통이 매우 혼잡한 것을
알 수 있는데 이런 시간을 rush
hour라고 하지요. 교통체증은
traffic jam이라고 하고요. 이런
때에는 신경이 날카로워져서
honking horns하기 쉽습니다.

homeless people

flowers

leaves

grass

squirrel

부사상당어구

I. 넓은 의미의 부사는 often, now, well과 같은 '단순부사' 부터 finally, quickly, clockwise 와 같이 '다른 품사에 접미사가 붙어서 된 부사' 나 for a while, in addition과 같은 '부사구', 그리고 when I was young, if at all possible 등과 같은 '부사절' 에 이르기까지를 모두 포함합니다.

1. 접미사 −ly로 끝나는 부사는 weekly와 같이 명사에 접미사를 붙여서 만들어진 것도 있지만 대부분이 clear, direct, easy, high 등과 같은 형용사에 −ly를 붙여 만들어진 것들입니다.

2. 접미사를 붙일 때에 easy와 같이 −y로 끝나는 단어는 y를 i로 고친 후에 −ly를 붙여야 하고 final이나 careful과 같이 단모음, 단자음으로 끝나는 단어는 l을 하나 더 첨가합니다.

3. 어떤 형용사들은 용례에 따라 그 자체가 부사로 사용되기도 하고 때로는 접미사가 붙어서 사용되기도 합니다. 그 쓰임은 각각의 용례에 따라 다릅니다. 게다가 형용사로 쓰였는지 부사로 쓰였는지가 애매한 경우도 있으므로 일정한 규칙을 정의하여 설명할 수는 없습니다.

| ex. : Did I make myself _clear_? |

　　제가 이해가 쉽게 되도록 설명을 잘 드렸는지 모르겠네요.(형용사로 쓴 경우)

| ex. : I _clearly_ understand tha ~ 　　~은 아주 잘 이해하고 있습니다 |

| ex. : We were not _directly_ affected by the accident. |

　　우리는 그 사고에 직접적으로 영향을 받지는 않았어요.

| ex. : Take it _easy_! 　잘 지내! |

| ex. : She′s not _easily_ satisfied. 　그 여자는 쉽게 만족을 못 해. |

| ex. : They are _highly_ educated people. 　그 사람들 고등교육을 받은 사람들이에요. |

4. 부사 중에는 early, hard, fast, long, late, straight 등과 같이 형용사와 부사의 형태가 동일한 것도 있습니다.

1) 형용사로 쓴 경우

– She is an _early_ riser.　　그녀는 아침에 일찍 일어나요.

– He is on the _fast_ track.＊　　그 사람 속성 코스를 밟고 있지.

＊ 학생을 향해 이 표현을 사용하면 intense program에 있어서 조기졸업을 목표로 하고 있는 학생을 칭하는 말이겠
　지만 회사라면 고속으로 승진하고 있는 사람을 향해 쓸 수 있는 표현입니다. 하지만, slow track이라는 말은 없
　으므로 유의하기 바랍니다.

– Is he _straight_＊?　　그 사람 정상이니?

＊ 이 단어는 원래 '온전한, 공명정대한' 등의 뜻이 있는데 동성연애자가 많아진 요즘에는 특히 그 사람 성적 태도
　(sexual orientation)가 반듯하냐, 즉 hetero sexual이냐는 말로 흔히 쓰입니다.

– Make sure you stay on the _straight_ and narrow.

　늘 올바른 삶을 살도록 노력해야 한다.

2) 부사로 쓴 경우

– I can't stay that _long_.　　나 그렇게 오래는 있을 수가 없거든.

– I won't stay out _late_.　　저 밤늦게까지 있지는 않을 거예요.

– Don't drive too _fast_.　　너무 빨리 운전하지 말아요.

– I want a _hard_-boiled egg.　　내 계란은 완숙으로 삶아주세요.(부사 뜻 : '단단하게')

– She works _hard_.　　그 여자 일 참 열심히 해요.(부사 뜻 : '열심히')

– He is rising up _quickly_ in the company.　　그이 회사에서 고속 승진하고 있어요.

– He is _long_-winded.＊　　그는 말이 너무 많아.

＊ 이 표현은 He talks too much.와 같은 뜻입니다. wind에는 '호흡'이라는 의미가 있으며 long-winded는 호흡이
　길다, 즉 공기가 들어갈 틈이 없을 정도로 말이 장황하다는 의미의 과장된 표현으로 주로 쓰입니다.

부사 _lately와 hardly_는 late와 hard에 –ly를 붙인 형태이지만 부사 late와 hard와는 의미가 전
혀 다릅니다.

| ex. : Have you seen Kim _lately_?　　너 최근에 Kim 본 적 있니? |

| ex. : No. I _hardly_ ever see her.　　아니. 나 걔 거의 못 만나. |

참고적으로 말하자면 fastly나 straightly 같은 단어는 없습니다.

II. 부사는 그 기능이나 문장에서의 위치에 따라 분류되기도 합니다. 1권의 [준비운동]에서 언급한 것처럼 부사는 형용사나 명사 혹은 다른 부사를 꾸며 주는 역할을 하며 정도·시간·장소·방향·빈도·기간 등을 나타내기도 합니다. 한 가지씩 잠깐 예를 보여 드리겠습니다.

1. very, too와 같이 '정도나 방법'을 나타내면서 형용사나 다른 부사를 꾸미는 단순부사는 수식하는 형용사나 부사 앞에서 쓰입니다. (enough는 예외적으로 부사로 쓰일 때는 뒤에서 형용사를 꾸며 줍니다.)

| ex. : I'm _very_ happy.　난 정말 행복해. |

| ex. : I know him _very_ well. |

　　　나 그 사람 아주 잘 알아.(very가 well을, well은 know를 꾸밈)

| ex. : You are _too_ serious.　넌 너무 심각해서 탈이야. |

| ex. : Is my English good _enough_?＊　내 영어 이만하면 괜찮니? |

＊ 이 문장과 비교해서 Have you had enough sleep?를 봅시다. 이는 '너 잠 충분히 잤니?'라는 뜻으로 enough가 형용사로 쓰인 경우입니다.

2. **well, hard, badly** 등의 부사가 동사를 수식하면서 '정도'나 '방법'을 나타내는 경우

| ex. : He behaved _badly_.　걔 정말 버릇없게 굴더라. |

3. 시간을 나타내는 부사는 **When?**이라는 질문에 대답이 될 수 있는 말입니다. 일반적으로는 문장 맨 뒤에 오지만 강조를 하거나 시간을 대조하여 말하는 경우에는 문장 맨 앞에 언급합니다. 시간을 나타내는 부사구는 문장 앞이나 뒤 또는 중간에서 다양하게 쓰일 수 있습니다.

| ex. : I went to pick up some milk at the grocery store _last night_. |

　　　나 어젯밤에 우유를 좀 사러 슈퍼에 갔었거든.

| ex. : _Last summer_ I had a good job. _This summer_ I don't have a job. |

　　　작년 여름엔 내가 좋은 일자리를 갖고 있었는데. 올 여름엔 백수라고.

4. 빈도를 나타내는 부사는 **How often?**이라는 질문에 대답이 될 수 있는 말입니다. 이 부사는 크게 **always, often, usually**와 같은 부사와 **every other day, twice a month** 등의 부사구로 나눠집니다. always, often 등은 문장의 맨 앞과 맨 뒤, 중간, 그 어느 곳에서든지 쓸 수 있지만 대개 문장 안에서 사용됩니다. 문장의 중간에 올 때는 일반동사의 앞, 기능동사의 뒤에 위치하지요. 부사구는 문장의 맨 앞이나 맨 뒤에서 쓰입니다.

| ex. : She *always* talks too fast.　　그 여자는 언제나 말을 너무 빨리 해. |

| ex. : *Every other day* I usually go out to lunch. |

　　난 이틀에 한 번은 밖에서 점심을 사 먹어.

다시 한번 강조합니다만 이런 각종 부사의 위치는 어디에 온다고 외운다고 해서 제대로 쓸 수 있는 것이 아닙니다. 부사들이 사용된 문장들을 반복 연습하여 머리와 혀가 기억하도록 익혀야 합니다.

5. 빈도부사가 아니면서 문장 안에서 쓰이는 부사들이 있습니다. **almost**, **already**, **only**, **even**, **just**, **still** 등의 부사는 문장의 주동사를 꾸미면서 일반적으로 일반동사의 앞, 기능동사의 뒤에 위치합니다.

| ex. : I *still* have to go to the bank.　　난 그래도 은행에 가야 해. |

| ex. : I *still** don't know why he did that. |

　　난 아직도 왜 그 사람이 그런 일을 했는지 모르겠어.

* still의 위치 : 기능동사의 뒤에 위치해야 하는 부사이지만 위와 같이 don't 와 함께 오는 경우에는 그 앞에서 쓰입니다. 그래야 의미가 좀더 분명히 전달되기 때문입니다. 유의하기 바랍니다.

| ex. : *Almost* every day I take a nap.　　난 거의 매일 낮잠 자. |

| ex. : Don't *even* think about it.　　그런 건 너 생각도 하지 마라. |

| ex. : *(Even) If** you don't like the professor, you can still do well in the class. |

　　교수가 맘에 안 든다고 해도 그 과목 공부는 잘할 수 있지.

| ex. : *(Even) If** you make a mistake, we will still love you. |

　　네가 혹여 어떤 실수를 한다고 해도 그래도 우린 널 사랑할 거야.

* even if에서 even은 주로 생략이 되어 사용됩니다. (even) if~로 말을 시작하면 말하는 이가 if절 안의 내용을 사실이 아니라 가능성으로 간주하는 것으로, 조건으로 말하는 것과는 약간 의미가 틀립니다. '~라고 할지라도'라는 우리말 번역으로도 알 수 있지요. 조건절의 if와 (even) if는 말하는 내용으로 얼마든지 구분이 가능하므로 마음 놓고 even을 생략하고 쓰십시오.

6. 기간을 나타내는 부사는 **How long?** 이라는 질문에 대답이 될 수 있는 말입니다. 주로 문장 맨 뒤에 오고 강조나 대조를 할 경우에는 문장 맨 앞에 오기도 합니다.

| ex. : It's been raining *since this morning*.　　아침부터 지금 계속 비가 내리고 있어. |

| ex. : It only stopped *for a few minutes*.　　아주 잠깐 멎었다가는 (또 계속 오네). |

7. 장소나 방향을 나타내는 부사는 셀 수 없이 많고 다양합니다. 주로 전치사와 명사의 조합으로 만들어진 형태지요. (ex : at the table, on the wall, at the church)

| ex. : They are moving *to the west coast*.   걔네 서부로 이사 간다. |

8. 두 개 이상의 부사구를 함께 쓸 때는 순서가 있어야 하겠지요?

1) 같은 종류의 부사를 함께 쓸 때는 작은 단위의 부사가 먼저 나오는 것이 일반적이지만 언제나 그래야 하는 것은 아니고 문체와 문장의 균형에 따라 달라질 수 있습니다. 예를 들어 시간을 나타내는 부사 두 개를 같이 쓴다면 작은 단위의 시간을 먼저 말하는 것이 일반적입니다.

| ex. : I'll meet you *at three o'clock tomorrow*.   내일 3시에 보자. |

2) 하지만 큰 단위의 시간이 더 중요한 경우는 순서를 바꿀 수도 있습니다.

| ex. : I'll meet you *on Wednesday at three.*   수요일 3시에 보자. |

3) 강조하거나 대조를 하는 경우에는 큰 단위의 시간만을 떼어서 문장 맨 앞에서 말할 수도 있습니다.

| ex. : *Today* we met *at 9 o'clock*, but *tomorrow* let's meet *at 10 o'clock.* |

      오늘은 우리가 9시에 만났는데 내일은 10시에 만나자.

4) 하지만 작은 단위의 시간만 따로 떼어서 문장 맨 앞으로 놓고 큰 단위의 시간을 문장 맨 뒤에 놓아두면 매우 어색해집니다.

| ex. : *At noon* I'll meet you *tomorrow*. (X) |

5) 장소나 방향을 나타내는 부사와 시간을 나타내는 부사가 함께 올 경우에는 보통 시간을 나타내는 부사가 나중에 옵니다.

| ex. : I'll be *at the library at 7 o'clock.*   도서관에 7시까지 갈게. |

6) 시간 부사가 문장의 맨 앞에 올 경우는 있지만 장소나 방향의 부사가 문두에 오는 경우는 거의 없습니다.

| ex. : *At the library* I'll be at 7 oclock. (X) |

7) 장소나 방향을 나타내는 부사는 보통 빈도부사보다 앞에 오고 빈도부사는 시간부사보다 앞에 옵니다. 하지만 강조나 대조를 위해서 시간부사가 문두에 오기도 합니다.

| ex. : I can go *to campus every other day this semester.* |

      난 이번 학기에는 하루 건너 한 번씩 학교에 가도 돼.

| ex. : We go *to the Children's Museum twice every summer.* |

      우린 여름마다 Children's Museum에 두 번 간단다.

영어공부의 반은 노력과 반복 연습

지금까지 부사에 대한 개념을 간략하게 정리해 보았습니다. 다시 한 번 강조하지만 문법을 이해하는 것만으로 실력이 쌓이지는 않습니다. 새로운 표현이 나올 때마다 반복 연습을 해서 자신의 표현으로 만들어야 합니다. 부단한 노력이 동반되지 않으면 말하고 쓰는 실력은 늘지 않습니다.

영어공부를 하면서 공부해야 할 양이 너무나 많은 것에 질려버리는 때가 자주 있습니다. 이렇게 많은 것을 어떻게 다 외울 수가 있는지 머리가 터져 버릴 것만 같다고 느낄 때가 분명히 있을 것입니다. 하지만 오늘 연습하는 표현 하나하나가 쌓여서 내 것이 되고 그로써 자신의 표현 영역이 넓어진다는 것을 기억하십시오. '하루에 몇 시간씩 공부하는 것이 무슨 효과가 있을까' 하고 생각될지 모르지만 그 하루가 쌓여서 몇 달이 되고, 1년 2년이 되면 눈부시게 발전되어 있는 실력을 눈으로 확인할 수 있을 겁니다.

몇 달 안에 영어를 마스터한다는 식으로 계획을 잡으면 얼마 안 가 아예 영어공부에서 손을 떼기 쉽습니다. 영어를 입시준비를 하듯 하면 공부가 재미있을 수가 없지요. 외울 것은 너무나 많고 효과를 내기에 단기간의 공부는 한계가 있기 때문입니다.

얼마 전에 서양인 동서를 맞이한 고교동창이 있습니다. 그 친구 얘기가 영어라곤 거의 못하던 도련님이 그녀와 사랑하게 되어 매일 전화하고 편지하느라 근무하는 중 틈틈이 영어공부에 매달린 결과 1년 만에 실력이 놀라울 정도로 향상되었다고 하더군요. 무슨 일이든지 동기가 분명하고 좋아해야 과정이 더 재미있고 결과도 좋은 것입니다.

다음은 형용사를 부사로 변형하여 문장을 완성하는 연습입니다. 보기를 잘 보고 들은 다음 주어진 힌트를 변형하여 문제를 푸십시오.

> ex.) quick - quickly / happy- happily / careful- carefully
>
> Hint) Nice   She smiled _nicely_.

1. Hint) nice   She asked him __________.

2. Hint) careful   He worked __________.

3. Hint) sudden   The door opened __________.

4. Hint) diligent   She worked __________.

5. Hint) pleasant   He answered __________.

1. nicely | 2. carefully | 3. suddenly | 4. diligently | 5. pleasantly.

I don´t have any money.

난 돈이 하나도 없는데.

Conversation

다음 conversation의 내용을 먼저 듣고 따라 한 후, 본문을 보시기 바랍니다.

(Nancy and Andy want a pop from a vending machine.)

Nancy와 Andy은 자판기에서 탄산음료를 빼려고 합니다.

Nancy : **I want to buy a pop. But I only have a five-dollar bill. Do you have change for a five?**

음료수 좀 사고 싶은데 5달러짜리 하나밖에 없네. 너 5달러짜리 바꿀 잔돈 있니?

Andy : **No, I don't have any money. Sorry.**

아니, 난 돈이 하나도 없는데. 미안해.

Nancy : Oh, but I am thirsty!

아이, 목마른데 어떡하지.

Andy : Ask that man over there.

저기 저 아저씨한테 물어봐.

Nancy : Excuse me. Do you have change for a five-dollar bill?

실례합니다. 5달러짜리 지폐 바꿀 잔돈 있으세요?

Man : I don't think so. My wife might. I will ask her. Honey, do you have change? I don't have any.

나한테는 없는 것 같은데요. 제 아내한테 혹시 있을지도 모르겠어요. 물어보고요. 여보, 당신한테 잔돈 있어? 난 하나도 없거든.

Woman : Neither do I. Sorry.

나도 없는데. 어쩌나.

Nancy : Thanks anyway.

아무튼 고맙습니다.

Andy : They didn't have change?

저 사람들도 잔돈 없대?

Nancy : Nope. But I still want a drink.

응. 하지만 난 그래도 뭐 좀 마시고 싶은데.

Andy : So do I. Let's go to a restaurant. We can get a drink there.

나도 그래. 우리 레스토랑에 가자. 거기 가서 음료수를 마시면 되잖아.

Nancy : Okay. I'll buy!

그러자. 내가 살게!

I want to buy a pop.

탄산음료를 부르는 명칭은 지역에 따라, 사람에 따라 약간씩 차이가 있습니다. 대부분 **soda** 라고 하지만 중서부지역 등에서는 **pop**이라고 하기도 하며 **coke**가 코카콜라뿐 아니라 모든 탄산음료를 대표해서 불리기도 합니다. **soft drink**도 탄산음료를 의미하지요.

Do you have change for a five?

미국에서 5달러, 10달러, 20달러짜리 지폐 등은 단위를 생략하고도 흔히 쓰입니다.
| ex. : a five / a ten / a twenty. |

여기서 **for**는 '~에 상환하여, ~에 대한 값으로' 등 교환을 의미하는 전치사입니다. change for a five라고 하면 '5달러에 맞먹는 잔돈' 이라는 뜻이 되는 거죠.

I don´t think so.

so는 본문에서와 같이 문장이나 단어 등을 대신할 때도 쓸 수 있습니다. 여기서는 문장(that절)을 대신하여 쓰였습니다. 원래는 I don´t think *that I have change for a five*. 지요.

My wife might.

might는 [섹션 15]의 대화본문 마지막에 소개되었던 것처럼 '불확실한 미래의 가능성' 을 나타내고 있습니다. 우리말로 번역하면 '~할지도 모른다' 라는 말인데 일상대화에서 매우 자주 쓰이는 표현입니다. 1권 [준비운동]에서 기능동사의 역할을 설명한 내용 기억나나요? '같은 말의 반복을 피하고 말을 줄이려 할 때, 기능동사만이 뒷말을 대신할 수 있다' 고 설명한 것 기억하죠? 본문의 문장을 원래대로 하면 My wife might have change for a five.인데 might 이후의 말이 생략된 것입니다.

Sorry.

흔히 sorry를 '미안합니다' 라고만 알고 있는데 여기서와 같이 '유감' 을 나타내는 의미로 더 많이 쓰인다는 것을 잊지 마십시오. 미안하다는 것이 아니라 안타까움을 표시하는 겁니다.

Thanks anyway.

영한사전에 **anyway**의 뜻이 '어쨌든, 아무튼' 이라고 나와서인지 이 표현을 약간 잘못 알고 있는 사람들이 있는 듯합니다. Thank you anyway.를 별로 공손하지 않은 표현으로 여기는 사람도 있는데 이 표현은 상대방에게 분명하고 공손하게 감사를 표하는 말입니다. 본문의 대화에서 볼 수 있듯이 상대가 내게 실질적인 도움을 주지는 못했지만 친절하게 대답해 준 것이나 시간을 내준 것, 하는 일을 멈추고 내 질문에 응답해 준 것 등에 대한 감사인 것입니다.

We can get a drink there.

get a drink 대신에 have a drink라고 해도 같은 뜻입니다. 일반적으로 레스토랑에 가면 음료수를 거기서 마시고 나오므로 동사는 buy보다는 **get**이나 **have**가 더 알맞겠지요.

I´ll buy!

밥값을 내겠다고 할 때에는 **It's on me. It's my treat**. 등의 표현도 쓸 수 있으며 다 먹고 식비를 치를 때에 돈을 내면서는 **I got it**. 하고 말할 수도 있습니다.

I. '응' 과 'yes' 는 용도와 뜻이 다르다

1권 [Introduction]에서 부정의문문에 대해 잠깐 언급했지만 우리나라 사람이 부정의문문에 대답할 때 실수가 많은 근본적인 이유는 우리말 "응"과 영어 "yes"의 용도와 뜻을 혼동하고 있기 때문입니다.

우리말의 "응"은 앞의 말이 긍정문이든 부정문이든 상관없이 '상대의 말이 옳다'고 할 때 쓰입니다. 그리고 우리말의 "아니야"도 앞의 말이 긍정문이든 부정문이든 상관없이 '상대의 말이 옳지 않다'고 할 때 쓰입니다.

예를 들어 상대방이 "너 정말 안 갈래?" 하고 물었을 때 "응, 안 갈래" 하면 "그래, 네 말이 맞아. 나 안 갈 거야" 하는 의미지요. 마찬가지로 "너 안 가니?" 하고 물었을 때 "아니, 나 가" 하고 말하면 "네가 한 말은 옳지 않아. 난 갈 거야" 하는 의미인 것입니다.

하지만 영어의 Yes에는 '네 말이 옳다' 는 의미가 없으며 No에도 '네 말이 그르다' 는 뜻이 없습니다. 우리말의 '응' 과 'yes' 가 똑같다고 생각하는 것부터 잘못된 것입니다.

1. 영어의 Yes와 No

앞의 말이 부정문일 때 "Yes" 로 답하면 Yes가 긍정문이므로 앞 문장과 반대로 말을 하는 것입니다. (우리말로는 '아니야' 하는 의미가 되지요.)

1) Didn´t you go to the party?　너 그 파티 가지 않았니?

　→ _Yes_, I did.　아니야, 나 갔었어.

2) Did you go to the party?　너 그 파티 갔었어?

　→ Yes, I did.　응, 갔었어.

앞의 말이 부정문일 때 "No"라고 하면 부정문을 그대로 받는 것이 됩니다. (우리말로는 '응' 과 같은 의미가 되는 겁니다.)

3) You didn´t go to the party?　너 그 파티 안 간 거야?

　→ *No*, I didn´t.　응, 나 안 갔어.

4) Did you go to the party?　너 그 파티 갔었니?

　→ No, I didn´t.　아니, 나 안 갔어

N o t i c e !

같은 질문이라도 의문문의 형태로 물을 때와 평서문의 형태로 물을 때는 다소 어감의 차이가 있다는 것에 유의하기 바랍니다. 그 차이를 보여주기 위해서 일부러 1)과 3)의 의문문을 다른 형태로 소개하였습니다. 1)의 부정의문문은 '~하지 않았니?' 하는 어감을 주며 3)의 부정의문문은 '~ 안 한 거야?' 하는 어감을 주지요. 3)과 같은 질문 형태에 한국 사람들이 더 혼란스러워하는 것 같습니다.

영어에는 우리말의 "응, 나 안 먹을래"처럼 No, I do.(X) / Yes, I don´t.(X) 와 같은 말은 없습니다. 영어로는 상대가 긍정문으로 묻든 부정문으로 묻든 간에 무조건 내 대답이 긍정이면 Yes, 나의 대답이 부정이면 No라고 해야 합니다.
위의 1~4까지의 예에서 영어의 대답은 질문이 긍정문이든 부정문이든 관계없이 같은 대답을 하고 있는 것에 주목하십시오.

1권의 [실전! 영어학습법]에서 영어를 우리말로 번역해서 이해하지 말라고 거듭 강조했습니다. 부정의문문에 대한 혼동도 영어를 한국어식으로 생각하기 때문에 빚어지는 것입니다. 우리말로 해석해서 이해하기 때문에 우리말식으로 반응이 나오는 거죠. 영어로 그대로 이해하면 혼동이 되지 않고 오히려 답이 간단해집니다.

이어지는 [Let´s Practice]에 부정의문문에 대답하는 연습이 있습니다. 이해하는 것으로 그치면 아무 소용이 없습니다. 연습을 통해서 무의식에서까지 익숙해져야 합니다.

So do I. / Neither do I.

여기서 so는 앞의 긍정문을 대신하는 말이며 neither는 앞의 부정문을 대신하는 말입니다.
〈so + 기능동사 + 주어〉 구조는 앞에서 말한 긍정문을 주어만 바꾸어서 반복할 때 쓸 수 있는 문장패턴입니다.
마찬가지로 〈neither + 기능동사 + 주어〉 구조는 앞에서 말한 부정정문을 주어만 바꾸어서 (아무개도 그렇지 않다는 의미로) 반복할 때에 쓸 수 있는 문장패턴입니다.
두 가지 경우 다 기능동사가 아니라 주어에 강세가 들어가야 합니다. "나도 그래", "그 사람도 그래" 하는 식으로 주어를 강조하는 말이기 때문입니다.

기능동사의 역할에 대해 아직도 혼동이 있으신 분은 1권의 [Introduction]을 다시 읽어볼 것을 권합니다. 이는 영어문장의 뼈대를 이루는 가장 중요한 문법입니다.

Let's Practice

I. 다음은 not…any를 no로 바꾸는 연습입니다. 보기를 잘 듣고 따라 한 다음, 같은 방식으로 문장을 바꾸십시오.

> ex.) There isn't any juice in that pitcher.
>
> → *There is no juice in that pitcher.*

1. I didn't see anyone in the building.

→ _______________________________________

2. There aren't any books on that shelf.

→ _______________________________________

3. I don't have any money.

→ _______________________________________

4. There isn't any car to use.

→ _______________________________________

5. I don't have any cell phone.

→ ____

1. I saw no one in the building | 2. There are no books on that shelf. | 3. I have no money. | 4. There is no car to use. |
5. I have no cell phone.

Ⅱ. 다음은 부정의문문에 'No' 라고 대답하는 연습입니다. 부정의문문에 대한 대답은 혼동될 때가 많은데, 특히 'No' 라고 대답할 때에 특히 더 많이 혼동이 되므로 머리 속으로 의미를 생각하며 대답하는 연습을 하기 바랍니다.

① 중급 이상의 독자들은 교재를 덮고 테이프만으로 문제를 풀어 볼 것을 권합니다.
② 먼저 테이프에서 나오는 보기를 듣고 따라 하십시오.
③ 그 다음 1번부터 문장을 듣고 문장을 완성하여 소리 내어 답합니다.
④ 테이프의 답을 듣고 따라 합니다.
⑤ 아직 듣기가 힘들면 빈칸에 답을 적은 후에 테이프를 따라 소리 내서 연습하십시오.
⑥ 주어진 답은 제일 나중에 확인하십시오.

---

ex.) They didn´t have any change?

→ *No, they didn´t (have any change).*

---

1. You didn´t go to the gym tonight?

→ _______________________________________

2. Don´t you want to go to dinner?

→ _______________________________________

3. You don´t want to eat ice cream?

→ _______________________________________

4. Don´t you want to come up to my place?

→ ____

5. Doesn´t she want a drink?

→ ____

6. They didn´t give you directions?

→ ____

7. Don´t you want to plant flowers this spring?

→ ____

8. He didn´t want to come with us?

→ ____

9. She didn´t need cough medicine?

→ ____

10. He didn´t call you back?

→ ____

11. He´s not getting along with his roommate?

→ ____

1. No, I didn´t (go). | 2. No, I don´t (want to go to dinner) (with you). | 3. No, I don´t (want to eat ice cream). (I am lactose-intolerant.) | 4. No, I don´t want to (come up) / (come up to your room). | 5. No, she doesn´t (want a drink). | 6. No, they didn´t (give me(us) directions). | 7. No, I don´t (want to plant flowers). | 8. No, he didn´t. | 9. No, she didn´t (need cough medicine). | 10. No, he didn´t (call me back). | 11. No, he´s not (getting along with his roommate).

Ⅲ.

다음은 우리말로 "나도 그래"라는 표현의 연습입니다. 기능동사의 사용에 유의하면서 상대방이 부정문으로 말했을 때는 부정으로, 긍정으로 말하면 긍정으로 응답을 하십시오.

① 중급 이상의 독자들은 교재를 덮고 테이프만으로 문제를 풀어 볼 것을 권합니다.
② 먼저 테이프에서 나오는 보기를 듣고 따라 하십시오.
③ 그 다음 1번부터 문장을 듣고 문장을 완성하여 소리 내어 답합니다.
④ 테이프의 답을 듣고 따라 합니다.
⑤ 아직 듣기가 힘들면 빈칸에 답을 적은 후에 테이프를 따라 소리 내서 연습하십시오.
⑥ 주어진 답은 제일 나중에 확인하십시오.

---

ex.) I am really tired today.　　　→ *So am I.*

　　I don't have a girlfriend.　　→ *Neither do I.*

---

1. She's an employee at Purdue.

→ ________________________________

2. I don't want to go to the store.

→ ________________________________

3. I have a lot of homework.

→ ________________________________

4. She has to make dinner tonight.

→ _______________________________

5. I can´t go skiing this weekend.

→ _______________________________

6. I can go to the concert.

→ _______________________________

7. He doesn´t have many friends.

→ _______________________________

8. I can get one hundred percent on this quiz.

→ _______________________________

9. He doesn´t remember the phone number.

→ _______________________________

10. I am not married.

→ _______________________________

11. I am not a student.

→ _______________________________

You have to be twenty-one to get into the bar.

바에 들어가려면 적어도 21살은 돼야 하잖아.

Conversation

다음 conversation의 내용을 먼저 듣고 따라 한 후, 본문을 보시기 바랍니다.

(Two friends have an extra ticket to see a band play at a bar.)

두 친구가 바에서 하는 밴드 연주회 티켓을 한 장 여분으로 갖고 있다.

Nancy : I have an extra ticket to the concert tonight.
Who should I invite (to go with us)?

오늘밤 콘서트 티켓 한 장 남는데 누굴 (같이 가자고) 초대하면 좋을까?

Daniel : How about Tim?

Tim은 어때?

Nancy : I don't think so. Tim isn't very fun. Plus, he can't be more than eighteen years old. You have to be twenty-one to get into the bar.

난 별로인데. Tim은 별로 재미가 없어. 게다가 걔는 18살도 안 넘었을 거야. 바에 들어가려면 21살은 돼야 하잖아.

Daniel : Oh, he should be at least twenty! But you're right. He can't go into a bar. Maybe Marcy?

어, 걔 적어도 스무 살은 된다! 근데 네 말이 맞다. 걔는 바에는 들어갈 수가 없네. Marcy는 될까?

Nancy : Maybe. But she has to be home by midnight. She has to work in the morning.

될지도 모르는데. 그런데 걔는 자정까지 집에 들어가야 돼. 아침에 일을 나가야 하니까.

Daniel : Do you have your cell (phone)? Call her.

너 핸드폰 있니? 걔한테 전화해 봐.

Nancy : Hi, Marcy. Can you go to a concert at Jake's Bar tonight?

안녕, Marcy. 오늘밤에 Jake's Bar에서 있는 콘서트에 갈 수 있니?

Nancy : Will we be out late?

밤늦게까지 있을 거니?

Nancy : I think so. The last concert got out at midnight.

그럴 거 같아. 지난번 콘서트도 자정에 끝났거든.

Marcy : Um, I don't think so. I have to work early. Sorry! I would like to go (with you).

음, 난 안 되겠다. 난 일찍 출근해야 하거든. 미안하다! 나도 (너희와) 같이 가고 싶은데.

Nancy : That's okay. I understand. I'll talk to you later, okay? Bye! I don't think anyone can go. It will just be us tonight.

괜찮아. 이해해. 그럼 나중에 또 얘기하자? 안녕! 아무도 갈 수 있는 사람이 없는 거 같은걸. 오늘밤은 그냥 우리뿐이겠다.

Daniel : We will have a good time by ourselves.

우리끼리 좋은 시간 보내자고!

Who should I invite (to go with us)?

should가 의무를 나타내는 용례로 쓰일 때는 **have to**보다는 강도가 약하며 보통 상대방에게 충고를 하거나 상대의 의견을 구할 때 사용됩니다.

다음은 invite의 용례입니다.

– Jane wants to _invite_ him to go bowling.

  Jane이 그 사람을 볼링 치러 가는 데 오라고 하고 싶어 해요.

– He _invited_ her to the party.　그이가 그녀를 파티에 초대했어요.

– They _invited_ me out to dinner.　그분들이 제게 저녁 외식에 함께 하자고 하셨어요.

– They _invited_ her to go to the movies.　그이들이 그녀에게 영화 같이 보러 가자고 했어요.

Tim isn´t very fun.

fun과 **funny**는 비슷해 보이지만 그 의미를 보면 차이가 있습니다. funny는 유머와 관계된 말로 사람을 웃게 만든다는 뜻입니다. 반면에 fun은 굳이 유머가 있어서 재미있는 것이 아니라 그냥 좋은 시간을 보내는 것을 의미합니다. **He is fun**.이라고 하면 그가 어울리기 좋은 사람이라는(good to be with) 거죠.

He can´t be more than eighteen years old.

He can´t be _older_ than eighteen.과 같은 말입니다. 이렇게 **older**를 쓰면 나이에 대한 말인 것이 분명하므로 뒤에 숫자 **eighteen**만 말하면 되지만 more를 쓰는 경우에는 뒤에 숫자만 말하면 뭐가 18보다 더 많다는 것인지 분명하지 않으므로 꼭 eighteen years _old_ 하고 나이를 말하는 것을 분명히 해 주어야합니다.

여기서 can´t는 '가능성에 대한 회의'를 나타내어 '~할 리가 없다'는 뜻으로 쓰였습니다. 가능성에 대해 의문을 제기할 때에도 의문문에 **can**을 쓰면 됩니다.

| ex. : *Can* the news be true?　그 뉴스가 사실일까? |

You have to be twenty-one to get into the bar.

미성년과 관련된 두 가지 영어표현이 있습니다. 다음은 필자가 쓴 본토 영어 단어 사전인 《Mainstream English》 261쪽에서 발췌한 부분입니다.

She´s under age.와 She´s a minor.의 차이

둘 다 우리말로는 미성년이라는 뜻이지만 영어로 **minor**는 부모 결정 없이 스스로는 결정을 내릴 수(the age of consent) 없는 나이, 즉 성인(adult)이 되기 전인 18세 이하를 의미한다. 미성년자는 하다못해 귀를 뚫는 데도 부모 내지 적법한 보호자의 승낙이 필요하다(물론 불법으로 해 주는 곳도 있지만).

반면에 **under age**는 주로 알코올, 담배 등과 관련해서 쓰이는 표현이다. under age와 상반되는 의미로 over age라는 말은 없고 **legal age**라고 한다. 담배를 살 수 있는 나이(legal age)는 18세이고 술을 살 수 있는 나이는 21세, 운전면허를 딸 수 있는 나이는 16세인데 그 나이가 안 되었다면 그 방면으로는 **under age**가 되는 셈이다. 예를 들어 15살짜리가 운전을 한다면 He´s driving under age.라고 할 수 있고, 20세는 담배를 사는 데는 legal age 이지만 술을 살 때는 under age가 되는 것이다.

Oh, he should be at least twenty!

[섹션 5]에서 쓰인 **should**와 같은 용례입니다.

at least는 '최소한, 적어도'라는 의미의 부사구죠.

But she has to be home by midnight.

go home이 아니라 **be home**을 쓰고 있습니다. [섹션 11]의 I want to _be home_ by five thirty.와 똑같은 용례입니다. [섹션 11]의 설명을 참조하십시오.

Do you have your cell (phone)? Call her.

다음은 비슷한 상황에서 쓸 수 있는 표현들입니다.

- Do you have your phone with you?　너 지금 핸드폰 갖고 있니?
- Do you have her number on your cell phone?　네 핸드폰에 걔 전화번호 있니?

- Call her and find out.　걔한테 전화해서 알아봐.
- Call her and see what she says.　걔한테 전화해서 물어봐.

- Call her and ask if she wants/can go (with us).

  걔한테 전화해서 같이 가고 싶은지 물어봐.
- You should call her and see if she will/can come.

  그녀에게 전화해서 걔가 갈 수 있는지 물어봐라.

Can you go to a concert at Jake′s Bar tonight?

이 말은 다음과 같이 바꿔 표현할 수 있습니다.

- Can you go to the show at Jake′s Bar tonight?
- Can you come with Jason and me to Jake′s Bar tonight?
- Do you want to go to that concert at Jake′s tonight?
- Do you have plans tonight?　너 오늘밤에 무슨 계획 있니?
- I have an extra ticket to the concert at Jake′s Bar. Do you want to come?

  나한테 Jake′s Bar 콘서트 티켓이 한 장 남는 게 있거든. 너 갈래?

Will we be out late? (= Would we be out late?)

계속해서 be동사를 사용한 표현이 소개되고 있습니다.

모임이나 활동이 늦게 끝나느냐고 물을 수도 있지만 이렇게 초점을 사람에게 두어 '외출하면 우리 늦게까지 있게 될까?' 라고 묻는 경우도 있지요. 초점을 어디에 두느냐에 따라 어감이 달라지므로 상황에 따라 알맞게 사용할 수 있어야 하겠습니다.

다음은 미팅이나 프로젝트 등에 초점을 두어 말하는 예들입니다.

- What time will _the concert_ end?
- _The basketball game_ already ended.
- When will the _soccer game_ be finished?
- When will our _meeting_ be finished?

The last concert got out at midnight.

여기서 last는 '마지막' 이라는 의미의 최상급 표현이 아니라 '지난번' 이라는 의미의 형용사입니다. 공연장과 같이 하루에 여러 회의 콘서트가 있어서 마지막 콘서트는 자정에 끝난다고 하려면 다음과 같이 현재형을 써서 표현해야 할 것입니다.

- The last concert _ends_ at midnight.　　마지막 콘서트는 자정에 끝납니다.

↘ get out의 여러 가지 용례

- I got out of the car.　　난 차에서 내렸다.
- He got out of the building (before it burned down).

  그는 그 건물이 타서 붕괴하기 전에 거기서 빠져나왔다.

- I get out (of work) at five o´clock.　　난 5시에 퇴근해.
- He gets out of practice around six.　　그는 6시 정도에 업무가 끝납니다.
- We got out of town.　　우리는 우리 동네를 벗어났다. (다른 도시로 향해 가는 중.)
- She got out her checkbook.　　그녀가 자신의 수표책을 꺼냈다.

– She <u>got out of it</u>* by lying.　　그녀는 거짓말로 위기를 넘겼다.

   * get out of it = 곤경에서 빠져나오다 (out of the situation)

I'll talk to you later.

이 표현은 단지 나중에 또 얘기하자는 의미를 넘어서 <u>작별 인사</u>로 흔히 쓰이는 말입니다.

It will just be us tonight.

현대 영어에서는 더 이상 It's I. / It's we. / It's he.라고 하지 않고 **It's him**. / **It's me**. / **It's her**. 하고 목적격을 사용하여 말합니다. 그 이유를 문법적으로 설명하기는 어렵습니다. 단지 목적격으로 쓰는 것이 더 편하게 느껴지므로 그러다가 굳어진 언어습관이 아닐까 생각됩니다.

I. 다음은 평서문을 의문문과 부정문으로 만드는 연습입니다.

① 중급 이상의 독자들은 교재를 덮고 테이프만으로 문제를 풀어 볼 것을 권합니다.

② 먼저 테이프에서 나오는 보기를 듣고 따라 하십시오.

③ 그 다음 1번부터 문장을 듣고 의문문과 부정문의 형태로 바꾸어 소리 내어 답합니다.

④ 테이프의 답을 듣고 따라 합니다.

⑤ 아직 듣기가 힘들면 빈칸에 답을 적은 후에 테이프를 따라 소리 내서 연습하십시오.

⑥ 주어진 답은 제일 나중에 확인하십시오.

> ex.) You have to leave early.
>
> → *Do you have to leave early?*
>
> → *You don´t have to leave early?*
>
> She has to leave early.
>
> → *Does she have to(or need to) leave early?*
>
> → *She doesn´t have to(or need to) leave early.*

1. She has to decide immediately.

→ Question : ___________________________

→ Negative : ___________________________

2. She needs to leave immediately.

→ Question : _______________________________________

→ Negative : _______________________________________

3. We have to take a taxi.

→ Question : _______________________________________

→ Negative : _______________________________________

4. We need to stay at the same hotel with them.

→ Question : _______________________________________

→ Negative : _______________________________________

II. 다음은 비교급을 이용해서 문장을 완성하는 연습입니다. 보기를 보고 그와 같은 방식으로 문장을 완성하십시오.

> ex.) It is warm today, but it was ___________ yesterday.
>
> → *It is warm today, but it was warmer yesterday.*

1. It is cool today, but it was ___________ yesterday.

2. It is hot today, but it was ___________ yesterday.

3. He's tall, but his younger brother is ___________.

4. This test is easy, but that one is ___________.

5. This library is large, but that one is ___________.

6. Jane is pretty, but Lynn is ___________.

---

1. It is cool today, but it was cooler yesterday | 2. It is hot today, but it was hotter yesterday. | 3. He's tall, but his younger brother is taller. | 4. This test is easy, but that one is easier. | 5. This library is large, but that one is larger. | 6. Jane is pretty, but Lynn is prettier.

다음은 서수의 복습입니다. 숫자를 연습할 때도 아무 생각 없이 발음만 연습하지 말고 언제나 그 숫자를 머릿속에 그리면서 연습해야 그 발음과 이미지가 숫자와 함께 기억됩니다.

문장을 듣고 숫자를 받아쓰는 연습입니다. 가능하다면 문장전체를 받아쓰기 바랍니다. 원어민이 뒤에서 **반복해서** 숫자만을 따로 읽을 때에 따라서 말하는 연습을 한 후 답을 맞춰 보십시오. 숫자를 직접 보고 소리 내어 읽는 연습을 하십시오. 잘못 받아쓴 숫자는 읽고 쓰는 연습을 여러 차례 반복하십시오.

1. My _______________ birthday will be fun.

2. They are ranked _______________ out of thirty.

3. It is my _______________ class reunion.

4. I am the _______________ person in line.

5. I am writing the _______________ page (of my paper).

6. The _______________ question on the exam was hard.

7. It is April _______________.

8. It is our _______________ year (living) in this home.

9. I′m on the _______________ chapter.

10. It is the basketball teams _______________ win.

11. My vacation starts on the _______________.

12. I am on my _______________ lap. (swimming, running around a track, etc.)

1. twenty-fifth(=25th) | 2. second(=2nd) | 3. tenth(=10th) | 4. sixth(=6th) | 5. seventh(=7th) | 6. third(=3rd) | 7. twenty-forth(=24th) | 8. fifteenth(=15th) | 9. eighth(=8th) | 10. twelfth(=12th) | 11. twenty-ninth(=29th) | 12. thirteenth(=13th)

She told me she was going out of town.

그 애는 여행을 간다고 하더라고.

다음 conversation의 내용을 먼저 듣고 따라 한 후, 본문을 보시기 바랍니다.

Tom : What do you want to do tonight?

오늘밤에 넌 뭐하고 싶어?

Amy : We could hang out here and watch a movie.

여기서 그냥 (있으면서) 비디오영화나 하나 보면 어떨까?

Tom : No, I feel like doing something more active.

아냐, 난 뭔가 좀더 활동적인 걸 하고 싶어.

Amy : What about bowling? The bowling alley is open until midnight.

볼링은 어떨까? 볼링장은 자정까지 열잖아.

Tom : That's not a bad idea. I haven't bowled for a long time. And it was fun last time.

그것도 괜찮겠는데. 나 볼링 해 본 지 한참 됐거든. 지난번에 아주 재밌었는데.

Amy : Let's invite some people to go with us. A group would be more fun.

우리 같이 갈 사람들을 모으자. 그룹으로 가면 더 재밌을 거야.

Tom : Okay, but Suzie can't come. She was invited to go to a dance tonight. And Adam and Cathy were going to the same dance. Who else would want to go with us?

좋아, 하지만 Suzie는 못 가. 걔는 오늘밤에 댄스에 초대받았거든. 그리고 Adam하고 Cathy도 같은 댄스에 가기로 했어. 같이 갈 만한 사람이 또 누가 있지?

Amy : Alley?

Alley는 어떨까?

Tom : No, she told me she was going out of town.

안 돼. 걔는 나한테 여행을 간다고 그러더라.

Amy : Oh, that's too bad. Maybe we'll have to bowl another night. It seems like everyone is busy.

어, 그거 실망이네. 우리 볼링은 다른 날 저녁때 해야 할 것 같다. 다들 바쁜 것 같으니 말이야.

Tom : So, how about that movie?

그럼 (아까 말이 나왔던) 영화나 볼까?

What do you want to do tonight?

이 질문은 이미 함께 저녁시간을 보내기로 약속이 되어 있는 사람에게 물을 수 있는 말이겠지요?

We could hang out here and watch a movie.

[섹션 4]에 나온 You _could_ have a cup of coffee with me.의 **could**와 같은 용례입니다. [섹션 4]의 설명을 참조하십시오.

hang out은 **relax**와 비슷한 의미로 '특별히 할 일이 없이 TV를 보거나 노닥거리면서 편안히 쉬다' 는 뜻입니다.

watch a movie라고 하면 영화관에 가지 않고 집에서 비디오테이프나 DVD, 혹은 TV 영화 등을 보는 것을 의미합니다.

- We could rent a movie.   영화 하나 빌려 보는 것도 괜찮겠는데.
- We could get a video.   비디오나 하나 빌려 봐도 되고.
- We could go to the video store and pick up something.

  비디오가게 가서 뭐 좀 골라 보지 뭐.

I feel like doing something more active.

뭔가 다른 것을 하고 싶다는 말이죠. (= I'd rather do something else.)

다음은 'feel like~' 를 이용해서 '~을 하고 싶다' 는 말을 하는 예입니다.

| ex. : I _feel like_ going to a movie.   나 영화 보러 가고 싶다. |

| ex. : I _feel like_ getting coffee.   나 커피 마시고 싶어. |

feel like ~ing 와 want to~ 는 의미에 어떤 차이가 있을까요?

굳이 구분하자면 want to는 다소 확정적인 어감을 주는 반면에 feel like에는 마음이 변할 여지가 있는 느낌을 (more open to suggestion) 줍니다.

That's not a bad idea.

이 말은 결국 꽤 좋은 아이디어라는 말입니다. (= That's a pretty good idea. = Good idea!)

I haven't bowled for a long time.

다음과 같이 여러 가지로 표현할 수 있겠습니다.

- I haven't gone bowling forever.　　난 볼링 쳐본 지 진짜 오래됐어.
- I haven't bowled since high school.　　난 고등학교 때 이후로 볼링을 한 번도 못 쳐봤어.
- I haven't been bowling for a long time.　　나 볼링 쳐본 지 정말 오래됐어.

A group would be more fun.

[섹션 1]의 That *would* be fun.에서 사용된 **would**와 같은 용례입니다. 주어인 a group을 문장으로 풀어서 표현하면 다음과 같이 말할 수 있겠습니다.

- If we go as a group, it would be more fun.

같은 상황에서 쓸 수 있는 비슷한 표현들에는 다음과 같은 것들이 있습니다.

- Let's get a group to go.　　우리 그룹 만들어서 같이 가자.
- Let's get a group of people together.　　우리 같이 할 사람들 한번 모아 보자.

Suzie can't come.

영어를 하면서 저지르는 많은 실수들이 알고 보면 영어를 우리말로 번역해서 이해하고, 한국어식으로 생각하기 때문에 빚어지는 경우가 참으로 많습니다. 여러분의 정확한 이해를 돕기 위해서 이 책에 나오는 표현마다 번역을 해 두었지만, 공부를 할 때는 먼저 영어를 그 자체로 이해하도록 애써야 합니다.

흔히 우리말의 '오다' 는 영어의 **come**과 '가다' 는 **go**와 같은 표현이라고 생각하지만 꼭 그렇지는 않습니다.

아래 예문 A를 봅시다. 이 질문을 하고 있는 자신도 댄스에 가는 경우에는 보통 Are you coming

to the dance tonight? 하고 묻습니다. 자신도 그 장소에 가거나 이미 와 있다면 come을 쓰는 것이 일반적이라는 말입니다. 하지만 같은 상황에서 go를 써도 무난한 경우가 많기 때문에 딱 잘라서 말하기는 어렵습니다. 아래의 예문 중 두 동사가 같이 주어진 경우는 둘 다 무난한 경우입니다.

A : Are you coming/going to the dance tonight?　　너 오늘밤 댄스에 갈거니?

B : Are you still coming?　　너 여기 오긴 오는 거니?

C : I'm coming/going with you.　　나도 너하고 같이 갈게.

D : I'm going home.　　나 집에 간다. (안녕.)

E : He's soon coming home.　　그이 곧 집에 올 거야.

F : He's soon going back home.　　그 사람 곧 집으로/고국으로 돌아갈 거야.

come과 go를 교환하여 쓸 수 없는 대표적인 경우를 예를 들어보겠습니다. 저녁식사를 준비해 놓고 식사를 하라고 부르는 말에 답할 때에는 **I'm coming.** (곧 갈게요.-밥 먹으러 식탁으로 갑니다) 하고 대답합니다. 이 때 우리말을 위의 번역대로 옮겨서 **I'm going.**이라고 하면 마치 **Bye. I'm leaving.** 하고 집 밖으로 나간다는(going out of the house) 의미가 되어서 우스꽝스러워집니다.

She was invited to go to a dance tonight.

수동태를 능동태로 고쳐보면 <u>*Someone*</u> invited her to go to a dance tonight.가 되겠지요. 이렇게 수동으로 말하는 것은 누가 그녀를 댄스에 초대했는지가 이 말의 초점이 아니고 그녀가 댄스에 가기 때문에 우리와 함께 할 수 없다는 사실에 초점이 있기 때문입니다.

a dance는 a dance party와는 다릅니다. a dance party는 짝(date)이 없이도 (여자나 남자들끼리) 갈 수 있고 빠른 음악이 나오며 청바지 등을 입고 가도 되지만, a dance는 짝을 동반하고 정식으로 차려입고 가는 곳입니다.

She told me she was going out of town.

이 문장은 간접적으로 말하는 투입니다. 그녀가 나에게 '어떠한 말'을 했다는 것을 다른 사람에게 다시 말하고 있죠. 화법에 대해서는 뒤에 이어지는 [Useful Expressions]에서 자세히 알아보도록 하겠습니다.

화법의 전환

I. 직접 말하는 투와 간접적으로 말하는 투

화법전환을 어려워하는 학생들을 종종 봅니다. 보통 문법책을 보면 화법에 한 단원을 할애하지만 거의 다 공식화된 틀에 따라서만 문장을 전환하도록 되어 있습니다. 그러니 화법이 재미있을 수가 없습니다. 똑같은 연습을 하더라도 말로 의미를 생각하며 연습을 하는 것과 공식처럼 따져 가면서 표현을 바꾸는 것은 나중에 실력을 따져 보면 천지차이가 납니다.

옛날 영어선생님 중엔 왜 화법전환이 필요한지조차 언급하는 분이 거의 없었습니다. 대개가 곧장 본론으로 들어가지요. 게다가 학력고사시절에는 화법에서는 잘해야 한 문제가 출제되었기 때문에 그나마도 수박 겉핥기식으로 넘어가는 적이 많았습니다.

그런데 화법은 실제생활에서는 상당히 자주 필요한 문법입니다. 일상생활 중에 누가 한 말을 다른 이(들)에게 전달해야 하는 경우가 얼마나 많습니까! 화법 전환을 못하면 그때마다 **He said to me, "I don't like this job."** (그이가 그러는 거야. 난 이 일 하기 싫어.) 하고 다른 사람이 한 말을 그대로 옮기는 수밖에 없을 것입니다. 말이나 글을 실감나게 표현하거나 다소 극적인 효과를 낼 때는 직접화법으로 전달하는 것이 필요하지만, 우리는 대개의 경우 간접화법으로 다른 이의 말을 전합니다.

II. 화법을 전환할 때의 유의할 점

직접화법을 간접화법으로 고칠 때에는 시제에 유의해야 합니다. 직접화법에서 사용한 시제를 문장 주동사의 시제에 따라 알맞게 고쳐서 말해야지요. 인칭대명사나 때를 나타내는 부사도 주문장의 동사시제와 내용에 따라 알맞게 변형해야 합니다. 여기서는 가장 간단한 화법전환을 소개합니다.

1. 의문사가 없는 의문문

1A : She asked me, "Are you going out of town?"

그녀가 나한테 "당신 외부로 출장가세요?" 하고 물었어요.

1B : She asked me *if I was* going out of town.

　　　그녀가 나한테 외부로 출장을 가느냐고 묻더라고요.

위와 같이 의문사가 없는 의문문을 간접의문문으로 고칠 때는 if(~인지 아닌지)를 사용하면 됩니다.

인칭대명사와 시제가 적절하게 고쳐진 것에 유의하십시오.

2. 평서문

2A : She said to me, "I'm going out of town."　　　그녀가 나에게 "나 여행 가"라고 말했어.

2B : She told me (*that*) she was going out of town.

　　　그녀는 나한테 여행을 간다고 그러더라.

의문문이 아닌 경우는 이와 같이 that이 이끄는 명사절로 문장을 이을 수 있습니다. 모든 경우에 딱 들어맞는 우리말이 없기 때문에 여기서는 편의상 위와 같이 번역을 했지만 **to go out of town**의 뜻은 '자신이 살고 있는 지역 밖으로 나가다' 입니다. 사업차 out of town을 하면 출장이 되겠고 휴가차 가면 멀리 놀러간 게 되겠지요.

3. 명령문

3A : She told me, "Leave me alone."

　　　그녀가 나한테 "나 좀 혼자 있게 해 줘."라고 하더군요.

3B : She told me *to* leave her alone.

　　　그녀가 나한테 자기 혼자 좀 있게 해 달라고 했어요.

명령문은 이와 같이 to부정사구를 사용할 수 있습니다. 명령이 아니고 요청이었다면 tell 대신 **ask**를 사용하면 되겠습니다.

4. 의문사가 있는 의문문

4A : He asked me, "What do you want?"　　　그가 내게 물었다. 뭘 원하는 거야?

4B : He asked me what I wanted.　　　그는 내게 무엇을 원하느냐고 물었다.

의문사가 있는 의문문을 간접의문문으로 고쳐서 쓰는 경우입니다. **What do you want?**는 말하는 상황에 따라 어감이 약간씩 달라질 수 있는 말이지요. "도대체 무얼 원하는 거냐"고 따지는 의미로 쓰일 수도 있지만 "무엇을 원하세요?" 하는 일반적인 물음으로 쓰일 수도 있습니다.

5. 두 문장을 간접적으로 표현할 경우

5A : She told me, "I have to pick up my son and it will only take 15 minutes."

그녀가 나한테 "나 우리 아들을 데려와야 하는데 15분이면 돌아와요"라고 했어요.

5B : She told me (*that*) she had to pick up her son and that it would only take 15 minutes.

그녀는 자기 아들을 데려와야 한다고 하면서 15분이면 된다고 하였습니다.

위와 같이 두 개의 문장을 나란히 간접화법으로 옮길 때에는 위와 같이 의미에 알맞게 접속사를 사용하며 접속사 that을 생략하지 않을 때 의미가 더 명백해집니다.

I. 다음은 간접화법을 직접화법으로 바꾸는 화법전환의 연습입니다.

① 중급 이상의 독자들은 교재를 덮고 테이프만으로 문제를 풀어 볼 것을 권합니다.

② 먼저 테이프에서 나오는 보기를 듣고 따라 하십시오.

③ 그다음 1번부터 문장을 듣고 화법을 바꾸어서 소리 내어 답합니다.

④ 테이프의 답을 듣고 따라 합니다.

⑤ 아직 듣기가 힘들면 빈칸에 답을 적은 후에 테이프를 따라 소리 내서 연습하십시오.

⑥ 주어진 답은 제일 나중에 확인하십시오.

> ex.) He is drinking his milk.
>
> → *He says that he is drinking his milk.*

1. She has found her mittens.

→ _______________________________________

2. He remembers you.

→ _______________________________________

3. She doesn´t speak English.

→ ______________________________

4. They are washing the dishes.

→ ______________________________

5. They are working at the information desk.

→ ______________________________

 다음은 직접화법을 간접화법으로 바꾸는 화법전환 연습입니다.

> ex.) Jane said to me, "I am hungry."
>
> → *Jane told me she was hungry.*

1. Rebecca said to me, The choir sings beautifully.

→ _______________________________________

2. He said to her, My little boy needs a bath.

→ _______________________________________

3. Jane said to me, "I want ice cream."

→ _______________________________________

4. Mike said to me, "Sherry went to bed."

→ _______________________________________

5. She said to him, "My child is sick."

→ _______________________________________

6. He said to her, "I am really upset!"

→ _______________________________________

7. She said to him, "My Grandma is coming to visit."

→ ____

8. She said to him, "I have a new boyfriend."

→ ____

9. He said to me, "It is past my bedtime."

→ ____

shower nozzle
shower head라고도 합니다.
toilet
변기 자체를 이르는 말입니다. 애교스럽게 potty라고도 부르지요.
toilet seat cover
toilet bowl
shower curtain
샤워하다는 take a shower라고 표현합니다.
toilet paper
toilet tissue와 같은 말이지만 ~paper는 격이 없는 표현이고 ~tissue 는 격을 갖춰서 말할 때 사용합니다.
plunger
linen closet
타월이나 침대 시트, 담요 등을 넣어두는 장입니다. linen cupboard 라고도 하는데, 이보다는 linen closet이 훨씬 흔히 쓰입니다.
tooth brush
tooth paste
치실은 dental floss라고 합니다.
razor
sink
candle
cold faucet
hot faucet
faucet

medicine cabinet

medicine cupboard라고도 하는데, 보통은
~ cabinet이라고 불립니다. 각종 약품이나 화
장실 용품, 콘택트렌즈 용품 등을 넣어두지요.

towel rack

타월을 걸 수 있는 고리는
towel hook라고 합니다.

다음은 목욕탕이나 화장실에서 사용하는 물품들의 이름입니다.

bathtub

줄여서 tub라고도 합니다. hot tub
라고도 불리는 jacuzzi는 세찬 물살
이 나와서 물에 거품을 내주는 욕조
입니다. 목욕을 하다는 take a bath
라고 표현합니다. 목욕을 할 때
bath salts를 이용하기도 하는데 좋
은 향을 내고 싶을 때 여성들이 사
용하지요. 몸을 닦을 때 sponge를
이용하기도 합니다.

hand towel

손 닦는 타월입니다. 손바닥만한 크기로 비누를 묻
혀 몸을 닦는 수건은 wash cloth라고 합니다. 일반
적으로 물건을 닦는 천을 이르기도 하고요.

lysol

변기 청소제는 toilet cleaner, 욕실 청
소제는 bathtub cleaner라고 합니다.

shaving cream

면도를 할 때 shaving gel
을 사용하기도 합니다.

nail polish

매니큐어를 지울 때는 nail polish remover
를 사용합니다. 손톱 밑에 낀 때를 제거할 때
는 finger nail brush를 사용합니다.

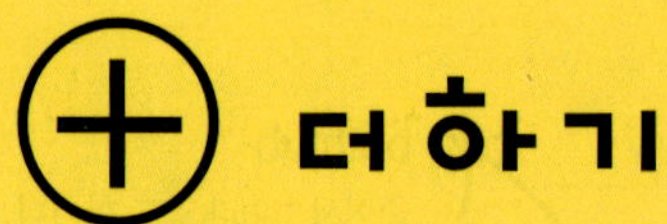

다음은 앞에서 미처 설명하지 못한 관련단어들입니다.

restroom   화장실

bathroom   목욕탕

lady's room   여자 화장실을 약간 미화시킨 말이라고 할 수 있습니다.

bathroom과 관련된 단어들입니다.

bathmat   보통 욕실 앞에는 발에 묻은 물을 닦을 수 있게 매트를 깔아둡니다.

mirror   화장실에 거울은 필수죠.

vanity lights   화장실의 거울 위에는 전구가 여러 개 달려 있습니다. 그 전구를 이렇게 표현합니다.

보통 간단한 화장품은 화장실에 두고 사용하는 경우도 많습니다.
다음은 그런 종류의 단어들 입니다.

hand lotion   핸드크림

body lotion   바디로션

face lotion   얼굴용 로션

sun screen   자외선 차단제

tanning oil   선탠오일

다음은 공중화장실(public rest rooms) 용어입니다.
호텔과 같은 곳의 nice rest rooms에 가면 rest room attendant가 있어서 끊임없이 청소하고
필요한 물품을 채워 넣지요. 그럼 단어들을 볼까요?

stall　　공중화장실의 한 칸을 이르는 말입니다.

lock (on stall door)　　화장실 칸의 걸쇠

urinals　　남자 화장실의 소변기, 남자 화장실에만 있겠죠?

hand dryer　　타월 대신에 뜨거운 공기가 나와서 손을 말려주는 것.

automatic dryer　　손을 갖다대면 저절로 드라이어가 작동합니다.

paper towels　　손을 닦는 종이타월

changing table　　아기 기저귀 가는 테이블

hand soap　　손비누

soap dispenser　　손비누를 담아놓는 통으로 보통 벽에 걸려 있죠.

trash can　　쓰레기통

automatic faucet　　자동 수도, 수도꼭지 아래에 손을 대면 자동으로 수돗물이 나옵니다.

sanitary disposal garbage　　공중화장실 칸에 들어가면 여성용품 등을 사용한 후 싸서 버릴 수 있는
작은 쓰레기통이 있습니다.

숫자를 연습할 때도 아무 생각 없이 발음만 연습하지 말고 언제나 그 숫자를 머릿속에 그리면서 연습해야 그 발음과 이미지가 숫자와 함께 기억됩니다.

문장을 듣고 숫자를 받아쓰는 연습입니다. 가능하다면 문장 전체를 받아쓰시기 바랍니다. 원어민이 뒤에서 **반복해서 숫자만을 따로 읽을 때에 따라서 말하는 연습을** 한 후 답을 맞추어 보십시오. 숫자를 직접 보고 소리 내어 읽는 연습을 하십시오. 잘못 받아쓴 숫자는 읽고 쓰는 연습을 여러 차례 반복하십시오.

1. Did you see the movie _________ Dalmatians?

2. With the extra credit I go _________ on the test.

3. We have driven _________ − miles today.

4. The oldest woman in our town is _________ − years old.

5. I counted _________ − students in lecture (class) today.

6. If I get _________ out of _________ − on the final exam,
   I will get an A in the course (for the semester).

7. There are _________ adults signed up for the first aid program.

1. 101 | 2. 102 | 3. 543 | 4. 104 | 5. 175 | 6. 126 / 150 | 7. 108

외워두면 유익한 문장유형 50

문장을 외워서 문장구조 자체를 내 것으로 만들면 그 만큼 표현의 폭이 넓어지며 다른 문장구조도 용이하게 습득할 수 있게 됩니다. 다음의 50가지 문장유형은 《성문기본영어, (이하 성문)》에 소개된 100가지 문장유형 중 앞 문장 50개를 미국의 젊은이들이 흔히 쓰는 현대적인 표현으로 바꾸어 본 것입니다. 《성문》에 나오는 문형을 기본으로, 외워두면 유익한 문장들을 새로 구성해 보았습니다.

본서에서 계속 강조한 것처럼 영어에는 구어체 표현과 문어체 표현의 구분이 있습니다. 다음의 문장유형에는 격이 없는 표현과 격이 있는 표현을 쉽게 구분할 수 있도록 구어체에 쓰이는 표현 옆에는 'US'(Usually Spoken)이라고 표시했고 주로 문어체에 어울리는 표현 옆에는 'UW'(Usually Written)이라고 적어 놓았습니다. 두 가지가 모두 표시되어 있는 표현은 구어체와 문어체 구분 없이 자유롭게 쓸 수 있는 표현입니다. 현재 미국에서 잘 쓰이지 않는 표현이나 잘못된 표현에는 따로 설명을 덧붙였습니다.

여기에 소개된 문장들 중에는 본서에서 아직 다루어지지 않은 표현들도 있으므로 수준에 맞지 않아 너무 어렵게 느껴지는 독자는 나중에 준비가 되었을 때 이 표현을 익히기 바랍니다.

 **not ～at all**

Do you like peas?　너 완두콩 좋아하니?

— No, I _don't_ like them _at all_. (US)　아니, 전혀 좋아하지 않아.

Do you mind <u>holding</u>* this for me?　이것 좀 잠깐 들어 주면 안 되겠니?

* 이 문장에서 hold의 의미는 to have and keep in one's grasp입니다. 문자 그대로 무언가를 들고 움켜쥐고 있다는 뜻이지요.

— No, _not at all_. (US)　아니, 안 되긴 무슨.

> cf. : No, I _do not_ like them at all. (UW)
>
> **don't 와 do not 의 사용** : 에세이와 같은 글을 쓸 때에 사용하는 문어체에서는 줄임말 (contractions) 의 사용을 피하는 것이 정석입니다. 예를 들어, 학생이 글에 "I _don't_ agree with the statement～"라고 적는다면 선생님은 이를 "I _do not_ agree with the statement." 로 바꾸라고 교정을 볼 것입니다.
>
> 반면에 구어에서는 오히려 줄임말을 사용해야 자연스럽습니다. 말을 할 때에는 "I am an engineer." 라고 하지 않고 "I'm an engineer" 라고 하는 것이 자연스럽습니다.

 **not always / all～not**

I'm _not always_ this hungry before lunch.

내가 원래 점심시간 전에 이렇게 배가 고프진 않은데 (오늘은 유난히 배가 고프네).

Jack does _not always_ cry so easily.　Jack이 원래 그렇게 쉽게 울지 않아.

She is _not always_ so <u>crabby</u>*.　그녀가 맨 날 그렇게 뿌루퉁한 건 아니라고요. (US, UW).

* crabby는 grouchy, ill-tempered in a bad mood의 의미입니다.

not always는 "늘 그런 것은 아니다"라는 의미이므로 문법용어로 '부분부정'이라고 합니다. not과 all이 함께 쓰이는 경우도 부분부정의 또 다른 예입니다.

| ex. : _All_ is _not_ as it seems.　눈에 보이는 그대로가 다 진실은 아닙니다. (US, UW) |
예를 들어 겉으로는 매우 행복해 보이지만 사실은 불행한 결혼생활을 하고 있는 사람도 있지요. 그럴 때 쓸 수 있는 표현입니다. 18세기 책에서 인용한 듯한 느낌을 주는 구식표현이지만 그럼에도 불구하고 여전히 글에 쓰이며 가끔 구어나 영화해설 등에서도 들을 수 있습니다.

03　hardly / seldom

I can _hardly_ move. I am so tired.　난 움직이지도 못하겠다. 너무 피곤해서.

I would _hardly_ call it love　난 저게 '사랑'이라고 생각하지는 않아 (US, UW)

hardly는 '거의~않다'라는 의미로 사실상 문장을 부정하는 부사입니다.

두번째 문장과 같은 표현을 쓸 수 있는 경우로는, 예를 들어 허구한 날 싸우는 커플을 두고 이런 말을 할 수 있겠죠. 매일 만났다 하면 아옹다옹하는 그들의 관계를 'love'로 정의할 수는 없으니까요. 그런 경우에는 관계가 안 좋다든가(Their relationship is not very good), 위기에 처해 있다(on the rocks)라고 하는 것이 적절할 것입니다.
또 다른 예로, 이제 막 사귀기 시작한 커플이 있는데(too early to know if it is love for sure) 누군가가 "They are so in love"라고 한다면 "I would hardly call it love. They just started dating." 하고 말할 수 있을 것입니다.

seldom(UW) : hardly와 함께 문장을 부정하는 부사의 또 다른 예인 seldom은 대화체에서는 아주 케케묵은 표현이지만 문어체에서는 아주 훌륭한 표현입니다.
| ex. : Richard _seldom_ goes to the movies　Richard는 좀처럼 영화를 보러 가지 않습니다. |
| ex. : Teachers _seldom_ earn what we would call a high salary. |
　　교사들은 사람들이 말하는 높은 연봉이라는 것은 받지 못합니다.

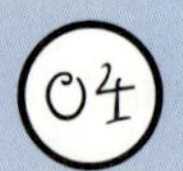 ## no more

There's *no more* cereal.　이제 시리얼 하나도 없어.

Is there more juice?　주스 더 있니?
– No, there's *no more* left.　아니, 이제 남은 게 하나도 없어. (US)

> **no more**와 비슷한 표현으로 **no longer**를 사용할 수 있습니다.
> | ex. : She *no longer* attends school here.　그녀는 더 이상 이 학교에 다니지 않습니다. |
> | ex. : I *no longer* go to that dentist because he isn't nice. |
> 　그 치과의사는 친절하지가 않아서 전 더 이상 그이한테는 가지 않아요. (US, UW) (구어체에서 –
> 주로 40대 이상 – 쓰이기는 하나 약간 딱딱한 표현임)
>
> 한편 no more를 문장 뒷부분에 오게 하는 용례는 의미가 통하기는 하지만(acceptable) 문어체에서
> 조차 딱딱하고(formal and dry) 약간은 어색한 표현입니다. (UW)
> | ex. : I will go there *no more*.　나는 더 이상 거기에 가지 않아. |

 ## Neither ~ nor

Neither the downtown library, nor the uptown library had the book I was looking for.
시내 도서관이고 동네 도서관이고 내가 찾는 그 책은 없더라고.

Julie did *not* attend the ballet performance, nor did her boyfriend.
Julie는 그 발레 발표회에 참석하지 않았어. 그녀 남자친구도 참석 안 했고. (UW)

> "Neither ~ nor"나 "nor"는 문어체적인 표현입니다. 젊은이들의 '대화'에서는 들을 수 없는 표현이지요.

 # cannot help ~ing

I *cannot help* laugh*ing*.   도저히 웃음을 못 참겠어. (US, UW)

I cannot help~는 흔히 쓰이는 구어체 표현입니다. 이 용례에서 help는 흔히 사용되는 '~를 돕다'
라는 의미로가 아니라 'stop' 의 의미로 쓰인 것입니다.

미국에서 'cannot help' 가 더욱 자주 쓰이는 용례는 "I can't help my self!" 입니다. 예를 들어 웃
음을 참을 수가 없다거나 담배를 끊고 싶은데 (중독이 되어서) 마음대로 안 되는 그런 상황을 표현할 수
있는 말입니다.

| ex. : I smoked a cigarette after lunch. I *couldn't help myself.* |
　　　 나 오늘 점심 먹고 담배 한 대 피웠다. 도저히 참을 수가 없었어.

| ex. : (looking at a cute boy, you could say to your friend) : I *can't help myself.* He is
　　　 so cute. |
　　　 (멋지게 생긴 청년을 보면서 친구에게 이렇게 말할 수 있다) : 안 보려고 해도 자꾸 쳐다보게 되
　　　 는걸. 쟤 정말 너무 잘생겼다.

한편 'cnnnot help ~ing' 와 같은 표현으로 'cannot but~'을 쓸 수 있다고 설명하는데, 사실
'cannot but~' 은 문어체에서도 구어체에서도 별로 쓰이지 않는 표현입니다.
| ex. : I *cannot but* laugh. |

 # never ~ without / cannot without

I could *never* go on a roller coaster *without* screaming.
난 롤러코스터만 타면 막 소리를 지르게 돼.

Charlie *cannot* eat too much *without* feeling sick.
Charlie는 지나치게 많이 먹으면 꼭 탈이 나. (US, UW)

 # cannot ~ too / cannot ~ enough

I *cannot* study *too* hard for this test.

내가 아무리 열심히 공부한다고 해도 이 시험에 충분히 준비가 될 수는 없어.(I could study as hard as I possibly could and still, more would be better.)

I *cannot* tell you *enough* how much I enjoyed the performance.

내가 너한테 어떻게 말해도 그 공연이 얼마나 감동적이었는지 제대로 표현을 못할 거 같아.(US, UW)

cannot ~ too와 **cannot ~ enough** 구문은 '아무리 ~해도 지나치지 않다, 충분하지 않다' 라고 해석할 수 있습니다. 다른 예를 더 봅시다.

| ex. : I *cannot* be *too* loud at the Cubs game. |

  Cubs팀(시카고 야구팀) 경기에 가서 아무리 크게 소리를 질러도 아무도 내 소리가 크다고 하지 않을 거야. (I could go to a game and yell as loud as I can, and still no one will think I am being too loud. I could even be louder and that would be okay.)

| ex. : She *could not* explain *enough* how cool her new school is. |

  그녀는 새로 입학한 학교가 얼마나 멋진 학교인지 충분히 표현을 할 수가 없었다.

| ex. : I *cannot* get *enough* of that pie. |

  난 그 파이는 아무리 먹어도 질리지가 않더라. (I really like the pie and can eat a lot of it.) —미국인들이 자주 쓰는 표현입니다.

그렇지만 cannot과 too, cannot과 enough가 같은 문장 안에 있다고 해서 언제나 위와 같은 의미를 갖는 것은 아닙니다. 아래의 문장들을 참고하십시오.

| ex. : Amy *could not* drive *too* fast, or she would get a ticket. |

  Amy는 너무 빨리 운전할 수는 없었다. 그러다간 속도위반 딱지를 떼게 될 테니까.

| ex. : Renee *couldn´t* buy *enough* paper. Renee는 종이를 필요한 만큼 사지 못했다. |

| ex. : Gerald *cannot* read fast *enough*. Gerald는 책을 빨리 읽지 못합니다. |

 # There is no ～ing

There is no tell*ing* how long this will take.　이 일이 얼마나 걸릴는지 알 수가 없어요.

There is no deny*ing* they were meant for each other.

그 두 사람은 정말 천생연분이랍니다.―거기에 누가 이의를 제기하겠어요. (US, UW)

There is no ～ ing는 '～할 수 없다' 라는 뜻으로 상당히 흔히 쓰이는 표현입니다.

※《성문》에서는 There is no ～ but을 '～하지 않는 것은 없다' 라는 뜻으로 소개해 놓았는데, 현대 미국영어에서는 이것이 'that ～ not' 의 뜻으로 쓰이지 않습니다. 용례에서 제외했으니 참고하기 바랍니다.

 # It is no use ～ing

It is no use tell*ing* her to go to bed.

그 애한테 잠자리에 들라고 아무리 말해도 소용이 없다고요.

It's no use study*ing*.　공부해 봤자 아무 소용없어. (US, UW)

아주 흔히 쓰이는 용례로 다음의 문장을 들 수 있습니다.

| ex. : It's no use. I give up.　다 소용 없어. 난 포기할래. |

이와 똑같은 의미로 It is of no use to ～를 말하기도 하는데, It is of no use to ～는 영국영어 같은 느낌이 드는 딱딱한 표현입니다. 오래된 느낌이 들기 때문에 젊은이들 사이에서는 별로 사용되지 않습니다.
| ex. : *It is of no use to* look at the map again.　지도를 다시 보아도 소용이 없습니다. |

 ## It is not that ～

It's not that he hates his Dad. He's just mad at him right now.

걔가 자기 아버지를 싫어하는 건 아니고 그냥 아버지한테 지금 화가 나 있는 것뿐이야.

It is not that she wants a cat, *but* that she really wants some company.

그 애는 고양이를 기르고 싶어서 그러는 게 아니라 함께 있어 줄 친구가 너무나 절실한 거야. (US, UW)

It's not that I don't like ～는 '내가 ～를 싫어하는 건 아니고～' 라며 마치 that이 이끄는 문장을 부정하고 있는 것 같지만, 사실은 (보통 but으로 시작하는) 그 다음 문장에서 그 이유(그를 좋아하지 않는 이유)를 나열하여 결과적으로 that이 이끄는 문장을 긍정하는 말투입니다. 우리말에서도 흔히 쓰이는 어투이므로 이해하기 어렵지 않을 것입니다. 또 다른 예를 하나 들어 보겠습니다.
| ex. : *It's not that* I don't like chocolate. (But) It makes me sick. |
　　　　 내가 초콜릿을 싫어해서 그러는 게 아니고 난 초콜릿에 알레르기가 있단 말이야.

그러므로 《성문》에 나와 있는 것처럼 It is not that you are wrong. 하고 거기서 문장을 끝내 버리면 마치 문장을 완성하지 않고 말을 하다가 만 것 같은 느낌을 줍니다.

 ## no more than ～

I will wait *no more than* ten minutes!　　나 10분 넘게는 안 기다릴 거다.

아래 표현은 《성문》의 본문에 쓰인 예입니다만, 사실 돈과 관련해서 **no more than**을 사용하여 말하는 경우는 (때때로 쓰이는 경우가 있기는 하지만) 그렇게 많지 않습니다.
－ I have *no more than* ten dollars.　　난 10불밖에 없어.

위 표현에 보충설명을 하자면, 예를 들어 몇 명의 친구들이 돈을 모아 택시를 타려고 각자 돈이 얼마나

no less than

Darren has *no less than* three girl friends!   Darren은 여자친구가 셋이나 된다고!

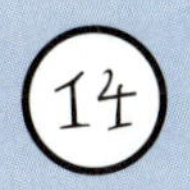

not more than / not less than

Did David just leave?   David 막 떠났니?

– Yea, *not more than* / *not less than* ten minutes ago. You could still catch him if you hurry.

응, 한 10분이나 됐나/한 10분은 된 거 같아. 서둘러서 빨리 가면 지금이라도 만날 수 있을 거야. (US) cf. : I have *not more than* ten dollars.

cf. : I have *not less than* a hundred dollars.

《성문》에 나온 이 예문들처럼 돈과 관련하여 not more than을 사용하면 의미가 불명확해지므로 좋은 표현이 아닙니다. 12, 13번에서 설명한 것처럼 not을 no로 바꾸어 표현하십시오.

no more ～ than ～ / no less ～ than～

Kelly has *no more* money *than* I do.　　Kelly가 나보다 돈이 더 많지는 않아. (US, UW)

'**no more ～ than ～**', '**no less ～ than ～**' 이 표현들은 문어체에서 주로 사용되며 구어체에서는 그다지 자주 사용되는 않습니다.

cf. : He is *not more* diligent *than* you (are).

cf. : Her She is *not less* rich *than* you (are).

한편, not more ～ than ～, not less ～ than ～ 은 의미가 명확하지 않으며, 그래서 쓰이지도 않는 표현입니다. 《성문》에 나온 이 예문들은 not을 no로 바꿔서 쓰거나 다음과 같이 표현하는 것이 훨씬 자연스럽습니다.

- He is *as hard working as* you are.　　그 사람 너 만큼 열심히 한단다.

- She does not have *as much money as* you do.　　그녀는 너만큼 돈이 없어. (US, UW)

Who knows ～ / Who doesn't know ～

Who knows where Tim is?　　Tim 어디 갔는지 누구 아냐? (US, UW)

Who knows the answer to number five?　　5번 답 누구 아니?

Who doesn´t know who the third President of the United States was?
미국 3대 대통령이 누군지 모르는 사람 있냐?

Who doesn´t know how to get to my house?　　우리 집 오는 길 모르는 사람 누구니? (US, UW)

 # Do you know what ～ / What do you think ～

Do you know what time it is?　　너 지금 몇 시인지 아니?

Do you know where the party is tonight?　　오늘 저녁 파티 어디서 하는지 아니?

Do you know what it is?　　너 이거 뭔지 아니?

What do you think caused the power outage?　　네 생각에 무엇 때문에 전기가 나간 것 같니?

What do you think caused the train to be late?
무엇 때문에 기차가 늦었다고 생각하니? (US, UW)

 ## what do you think ~

What do you think of the new restaurant?   너 그 새로 생긴 식당 어떻게 생각해?

What does he think about getting married?   그 사람 결혼에 대해서는 어떻게 생각하니?

What do you think about Arnold Schwarznegger getting elected as California's governor?
너 Arnold Schwarznegger가 캘리포니아 주지사가 된 거 어떻게 생각하니?

 ## ~ as ~ as ~

David called me *as soon as* he found out.   David는 그 사실을 알자마자 나한테 전화를 했어.

I ate *as soon as* my food came.   나는 내 음식이 나오자마자 먹었다.

He doesn't work *as hard as* you do.   그 사람은 너만큼 열심히 일하지 않아. (US, UW)

 ## It will be ~ before

It *will be* midnight before we get home.   우리 자정이 지나야 집에 도착할거야. (US, UW)

 ## It have been ~ since ~

It has been ten years since he died.   그가 죽은 지 십 년이 되었어요. (US, UW)

(=Ten years have passed since he died.)

 ## cannot ~ until

We *cannot* start *until* he comes.   그 사람이 오기 전까지 우리는 떠날 수가 없습니다.

She *cannot* drive *until* she finds her keys.

그녀는 열쇠를 찾기 전까지는 운전을 할 수가 없습니다. (UW)

 ## the time will come when ～

The time will come when he realizes I am right.

그 녀석 내 말이 옳았다는 것을 깨달을 때가 있을 거야.

The time will come when she will respect her parents.

언젠가는 그녀도 자기 부모님을 존경하게 될 거예요.

The time will come when you will regret this.　너 분명히 언젠가는 이거 후회할거야. (US, UW)

 ## now that ～

Now that I am finished for the day, I can't wait to go home.

오늘 할 일도 다 끝났는데 정말 집에 가고 싶어 죽겠다.

Now that you are babysitting, you can't/shouldn't talk on the phone as often.

네가 이제 아이들 돌보는 일을 하고 있으니까 전화통화도 좀 자제해야 해.

Now that you're a grown up, you shouldn't be so irresponsible.

너도 이제 성인인데 그렇게 무책임하게 굴면 안 되지. (US, UW)

《성문》에 나온 예문 Now (that) you are a man, you *must* not do *such a thing*.은 such a thing을 such things로 바꾸어야 맞는 표현입니다.

영국영어와는 달리 미국영어에서는 '～해야 한다' 는 의미의 must는 아주 딱딱하고 케케묵은 표현으로 여겨지기 때문에 구어에서는 별로 사용되지 않습니다. 하지만 다음 예와 같이 '～함에 틀림없다' 라는 의미로는 흔히 쓰이지요.

| ex. : I *must* not have made myself clear.　제가 제 의견을 확실히 전달하지 못한 것 같군요. |

 ## ~ because of ~

She was accepted at Harvard *because of* her outstanding test scores.

그녀는 뛰어난 시험점수 덕분에 하버드에 합격이 되었습니다.

Marie could not eat pizza *because of* her allergy to cheese.

Marie는 치즈 알레르기 때문에 피자를 먹지 못했어요.

He could not come *because of* the car accident.

그 사람은 차사고 때문에 오지 못했어요. (US, UW)

《성문》에 나오는 예문 He could not come, *because of illness*.은 He could not come *because he is/was sick*.이라고 표현하는 것이 훨씬 자연스럽습니다. 미국에서 'illness' 는 문어체 단어이므로 일상회화(in every day interactions)에서는 주로 'sick' 을 사용합니다.

 ## every other day

I run *every other day*.   나는 이틀에 한 번 달립니다.

Marc lifts weights *every other day*.   Marc는 하루걸러 한 번씩 역기운동을 합니다.

Every other day I talk to my Mom on the phone.

난 이틀에 한 번씩 엄마와 전화를 해요. (US, UW)

 ## What with ~ and ~

What with the wind *and* the rain, our picnic was spoiled.
바람과 비 때문에 우리 소풍은 엉망이 되었습니다.

《성문》에 나오는 문장처럼 *what with* the wind *and what with* the rain, ~하고 what with를 두 번 반복하면 약간 바보스러운 느낌이 들기 때문에 (미안한 말이지만 사실이 그렇습니다.) 한 문장에서 한 번만 사용하는 것이 좋습니다.

 ## so that ~ may ~

I study hard *so that* I *may* go to a good university.
나는 좋은 대학교에 가기 위해서 열심히 공부합니다.

Ann runs every day *so that* she *may* compete in a marathon.
Ann은 마라톤에 출전하기 위해서 매일 달립니다.

Chris bought a diamond ring *so that* he *may* ask for her hand in marriage.
Chris는 결혼식 때 신부에게 주려고 다이아몬드 반지를 구입했습니다. (US, UW)

《성문》에는 We eat *so that* we *may* live.라는 문장이 소개되었습니다. 'so that ~ may'는 문어체와 구어체에서 두루 쓰이는 표현이지만 이 문장에서는 왠지 매우 딱딱하게 느껴집니다. 이 문장은 We eat *so that* we *can* live.나 We eat *in order to* live/to stay alive.라고 표현하는 것이 더 자연스럽습니다.

 ## so that ~ would ~

He studied hard _so that_ he _would_n´t fail.　　그는 실패하지 않기 위해서 열심히 공부했습니다.

She wrote her paper early _so that_ she _would_ have time to do corrections.
그녀는 교정을 볼 시간을 갖기 위해서 일찌감치 페이퍼를 썼습니다.

She walked her dog _so that_ it _would_n´t pee on the floor.
그녀는 자기 개가 마루에 쉬를 하지 않도록 밖으로 산책을 데리고 나갔습니다. (US, UW)

cf. : He ate a good lunch _lest_ he _should_ faint.
　　그는 쓰러지지 않기 위해서 점심을 든든히 먹었습니다.
cf : She walked her dog _lest_ it _should_ pee on the floor.
　　그녀는 자기 개가 마루에 쉬를 하지 않도록 밖으로 산책을 데리고 나갔습니다. (W)
《성문》에 나오는 lest를 사용한 이 표현은 매우 딱딱한 문어체 표현으로 대화에서는 들어 볼 수 없는 말입니다.

 ## so ~ that ~

The bowling alley is _so_ crowded _that_ we cannot get a lane.
그 볼링장은 너무 사람이 많아서 레인을 차지할 수가 없어.

The cafe is so busy _that_ I cannot find a place to sit.
그 카페는 너무 사람이 많아서 앉을 자리도 없다고.

The coffee is _so_ hot _that_ I cannot drink it.　　그 커피 너무 뜨거워서 못 마시겠어. (US, UW)

 **as far as ～**

As far as I know, this is a good car.　내가 아는 한 이거 괜찮은 차예요.

As far as cities go, Chicago is the best.　도시로 말하면 시카고가 최고지.

As far as sports go, I like basketball the best.
스포츠로 말하면 뭐니뭐니해도 농구가 제일 재밌더라고. (US, UW)

 **not so much ～ as ～**

He is *not so much* an athlete *as* a sports fan.
그 사람은 체육인이라기보다는 스포츠팬이지요. (UW)

《성문》에 나온 He is a novelist *rather than* a poet.이라는 예문은 문어체에서나 구어체에서나 어색한 문장입니다.

 **the same ～ that ～**

This is *the same* watch *that* I lost.
이거 내가 잃어버린 것과 같은 종류의 시계구나. (US, UW)

 as ~ , so ~

<u>As</u> the wind blows, <u>so</u> does the rain fall.   바람 불듯 비가 내리네.

 senior

He is <u>two years my senior</u>.   그 사람은 나보다 2년 연상입니다. (US, UW)

 **the tallest**

Marge is *the tallest* in her family.　　Marge 는 그녀의 가족 중에서 가장 키가 큽니다. (US, UW)

 **the more ~ , the more ~**

The more you have, *the more* (that) you want.

많이 가지면 많이 가질수록 더 많은 것을 원하게 된단 말이야.

The more I eat spicy food, *the more* I like it.

매운 음식은 먹으면 먹을수록 더 좋아지더라고. (US)

《성문》에 있는 표현과 같이 (*The more* one has, *the more* one wants.) 'one' 을 사용하면 매우 딱딱한 (very formal) 문어체 표현이 됩니다.

 **all the better for**

I like the tacos all the better for the sour cream.

저는 사우어크림 때문에 타코를 한층 더 좋아한답니다. (UW)

 ## be to ～ what ～ be to ～

Reading *is to* the mind *what* food *is to* the body.

독서가 마음에 끼치는 영향은 음식이 신체에 끼치는 영향과 같다. (UW)

 ## like

The football player was sweating *like* a pig.　그 미식축구 선수는 땀을 뻘뻘 흘리고 있었다.

He was *like* a dog in heat.　그 남자 꼭 암내 맡아 굶주린 개처럼 굴더라니까. (US, UW)

 ## what ~

I gave him _what money_ I had.   내 수중에 있는 모든 돈을 그 사람에게 줬어요.

(= I gave him what I had with me.)

가지고 있는 전 재산을 모두 주었다는 말은 아니고 수중에 있던 모든 돈을 주었다는 말이지요. (I gave all of my money away, but only the money that I had with me.)

 ## ~ provided that ~

I will work for you _provided that_ I get paid above minimum wage.

최저임금 이상만 주시면 사장님을 위해 일하겠습니다. (US, UW)

 ## ~, and / ~, or

Go to bed early, _and_ you will wake up refreshed.   일찍 자. 그래야 아침에 상쾌하잖아.

Brush your teeth, _and_ you will not get cavities.   이 닦아라. 그러면 충치가 안 생겨.

Run, _or_ you will miss the train.   뛰어가. 안 그러면 기차 놓칠 거야.

Finish your homework, _or_ you will not watch TV.   숙제 다 끝내렴. 안 그러면 TV 못 본다.

Drink plenty of water, _or_ you will get dehydrated.

물을 충분히 마셔야지, 안 그러면 탈수된다. (US)

328

 ## ~ as if ~

He looks *as if* he were sick.　　그 사람은 꼭 어디가 아픈 거 같아 보여.

She seems *as if* something is bothering her.　　그녀는 꼭 뭔가가 근심이 있는 사람처럼 보여.

Kelly said it was *as if* she knew him all her life.
Kelly는 그 남자가 꼭 자기가 마치 평생 동안 알았던 사람 같대. (US, UW)

《성문》에 나와 있는 He looks *as if* he were ill.은 ill 때문에 매우 딱딱한 표현이 됩니다. 미국영어에서는 그다지 자주 사용되지는 않습니다.

 ## I wish ~

I wish that I were going to the basketball game.　　나도 그 농구경기에 간다면 좋겠는데.

I wish that I were with you.　　내가 지금 너와 함께 있다면 얼마나 좋을까. (US, UW)

 ## would rather ~ than ~

I *would rather* eat mud *than* take this test.
이번 시험을 보느니 차라리 진흙을 퍼먹는 게 나을 것 같아.

She _would rather_ stay home _than_ go to a bar.

그녀는 바에 가기보다는 집에 그냥 있고 싶어 해요.

He _would rather_ have a cat _than_ a dog.

그는 개를 기르느니 차라리 고양이를 키우고 싶어 해. (US, UW)

 might as well ～

I _might as well_ go.　　내가 가는 게 차라리 낫겠다.

Dave _might as well_ tell her the truth.　　Dave가 그녀에게 사실을 말하는 게 낫겠어. (US, UW)

 though ～

Though he is poor, he is happy.　　그 사람은 가난하지만 행복합니다.

Though I live in Indiana, my heart is in Montana.

나는 지금 인디애나 주에서 살고 있지만 내 마음은 몬태나에 있습니다.

Though she is smart, she doesn't get good grades.

그녀는 똑똑하기는 하지만 성적은 좋지 않습니다. (UW)

though를 이용한 이 표현은 문어체에서 매우 유용하게 사용되며, 또 흔하게 쓰이는 표현입니다. 구어체에서는 그리 자주 쓰이지는 않습니다.

 # No matter how ～

No matter how fast he runs, he won't make it in time.

걔가 아무리 빨리 달린데도 시간 안에는 도착 못 해.

No matter how far she can throw a ball, she cannot out-throw her Dad.

그 애가 아무리 공을 멀리 던져도 자기 아빠보다는 멀리 못 던지지. (US, UW)

《성문》의 예 (*No matter how* fast he *may* run)와 같이 'may'를 사용하면 격을 갖춘 딱딱한 표현(formal)이 되지만 'no matter how' 부분은 매우 유용하고 문어에서도 구어에서도 모두 흔하게 사용됩니다.

⑤⓪ be it ever so ～

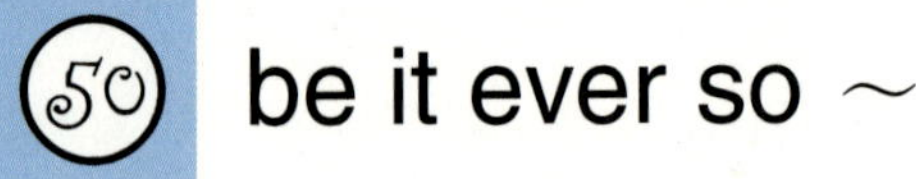

Be it ever so humble, there is no place like home.

아무리 초라해도 자기 집만큼 편안한 곳은 없다. (W)

be it ever so ～는 대화에서 사용하기에는 너무 딱딱한 표현이며 아주 딱딱한 글(in very formal writing)에서나 사용될 수 있는 문어체표현입니다.

본 교재의 본문은 구어체 위주로 구성되어 있습니다. 본문에서 여러 번 강조했던 것처럼 영어에는 구어체와 문어체가 있으며 영어권에서 생활하기 위해서는 두 가지 모두 똑같이 중요합니다. 그렇지만 구어체와 문어체의 구분이 언제나 칼로 자른 듯이 분명하게 나뉘는 것은 아닙니다. 같은 표현이 구어체와 문어체에 두루 쓰이는 경우도 매우 많습니다. 영어를 잘하려면 때와 장소에 맞추어 이 구어체와 문어체를 자유자재로 구사할 줄 알아야 할 것입니다.

이렇게 자유자재로 때와 장소에 따라 알맞은 영어를 구사하는 사람을 보고 '영어에 대한 감각'이 있다고들 표현합니다. 그렇다면 어떻게 해야 영어에 대한 감각을 키울 수 있을까요? 어렸을 때 영어권 국가에서 공부를 하다가 온 학생들은 자기는 문법은 잘 모르지만 감으로 영어를 한다고 말을 하기도 합니다. 그렇다면 비영어권 국가에서 성장하고 교육받은 우리는 영어에 대한 감각을 어떻게 만들 수 있을까요? 영어권 국가로 어학연수를 가면 되지 않을까 생각할 수도 있는데, 성인이 되어서는 미국에 몇 년을 살아도 영어에 대한 감각이 저절로 생기지 않는다는 것은 이미 강조했습니다.

언어에 대한 감각은 그 언어권 나라에 간다고 해서 저절로 키워지는 것도 아니며 또, 영어에 대한 감이 좀 생겼다고 해서 유창한 영어를 구사하고 글을 쓸 수 있게 되는 것도 아닙니다. 모국어에 대한 감각은 어떻게 형성되었습니까? 태어나 자라고 학교에 다니면서 주변 사람들이 쓰는 표현들을 듣고 계속 따라 하고, 또 책 읽기를 반복하고 반복했기 때문에 문체나 말투 등이 머릿속에 박힌 것 아닙니까? 그랬기 때문에 비록 문법을 따로 공부하지 않았다 할지라도 살아가는 데 지장이 없을 정도로 말과 글을 구사할 수 있게 된 것입니다. 또 어떤 표현이 자연스러운지 부자연스러운지도 어느 정도까지는 집어낼 수 있는 것입니다.

제대로 된 감각을 형성하고 싶다면 반복적인 연습도 중요하지만, 그와 더불어 정확히 아는 것도 매우 중요합니다. 어릴 때 영어권 국가에서 학창시절을 보낸 이들을 제외하고 감에 따라 영어를 쓰는 사람들 중에는 정확히 알지 못하기 때문에 자신이 쓴 말이나 글이 올바른지, 그 표현을 제대로 사용했는지에 대해 자신 없어 하는 경우가 많습니다. 따로 노력을 하지 않는 이상 영어실력은 더 이상 늘지 않기 때문에 미국에서 평생을 살아도 영어실력은 제자리에 머물게 되는 것입니다. 확고한 실력을 쌓고 싶다면 정확히 알고, 그것을 반복하는 연습을 해야 합니다 .

저는 여러분이 문법이든 회화든 영어를 구사하면서 정확히 알고 싶어했던 것들이 《랭귀지 스쿨》 시리즈로 모두 해결되기를 바랍니다. 제가 1권에서 제시한 방법으로 이 책에 나온 표현들을 모두 여러분의 것으로 만드십시오. 영어는 듣기와 말하기 연습부터 시작하여 점차 읽기와 쓰기 연습을 늘리는 것이 자연스럽습니다. 문법과 어휘실력이 그 기본이 되는 것은 물론입니다. 본 교재만으로 영어를 마스터할 수는 없습니다. 본 교재는 어디서부터 영어를 시작해야 좋을지 고민하는 이들에게 무너지지 않는 튼튼한 기초를 마련해 주기 위해 쓴 책입니다. 이 교재의 내용을 바탕으로 끊임없이 읽고, 듣고, 쓰고, 말하는 연습을 하십시오. 그러면 반드시 실력을 키울 수 있습니다.

영어를 잘하고 싶다면 조급함을 버리십시오. 인생에서 성공하는 사람은 무조건 앞을 향해 빨리 달리는 사람이 아닙니다. 늦더라도 끝까지 포기하지 않고 달리는 사람이 진정한 승리자입니다. 올바른 방법으로 끈질기게 노력한다면 생각보다 훨씬 빠른 시일 내에 여러분의 영어실력이 일취월장했음을 느낄 수 있을 겁니다.

끝으로, 본 교재를 집필하는 데에 지혜를 허락하시고 필요를 채워주신 하나님께 먼저 감사를 드립니다. 그리고 집필에 도움을 준 Amy Elicker와 책을 쓰는 데 집중할 수 있도록 실제적인 도움을 주신 사랑하는 부모님과 제 가족에게 감사드립니다.

샴페인 일리노이에서
지은이 **고 재 숙**

저자 고재숙

현재 퍼듀 대학교 *Purdue university* 아동가족학 박사과정 중에 있으며 올해로 미국 유학생활 13년째를 맞고 있다. 상명대 재학시절부터 각종 통역활동을 하고 영자신문사 기자로 활약하면서 남다른 영어감각을 보인 저자는 영어교습 경력만도 자그마치 17년이다. 미국에서는 버지니아 리버티 대학교 *Liberty University* 상담대학원 석사학위를 받았고 동대학교 영어학과 ESL 강사를 역임하였으며 저서로는 《Mainstream English》가 있다.

'제대로 된 영어학습법의 전도사' 로 활발하게 활동하고 있는 저자는, 많은 사람들에게 쉽고도 효율적인 영어공부법을 전달하기 위해 이 책을 저술했다. 특유의 꼼꼼하고도 정확한 성격으로 조금이라도 애매한 표현이라 생각되는 것은 30여 명의 미국인과 인터뷰하여 가장 일반적이고도 올바른 표현을 선별해내는 집요한 작업 끝에 이 책을 완성했다.

감수자 Amy Elicker

미국 퍼듀 대학교 영어학과 졸업. 미국으로 유학을 온 아시아 권 학생들은 문장구조가 다른 언어권에서 생활했기 때문에 영어구사에 오류를 범하기 쉽다는 사실을 발견했다. 이에 이 책 《Language School》을 감수하면서 영어를 잘못 배운 학생들이 모국어를 배우는 것처럼 쉽고도 자연스럽게 영어를 배울 수 있도록 하기 위해 노력했다. 네이티브 스피커로서, 영어학 전공자로서 이 책의 정확도와 학습 효율성을 높이는 데 기여했다.